AF671037

Herausgeber:
Kulturinitiative Maurine-Radegast e.V.
Postfach 16, 19217 Rehna
E-Mail: Kulturinitiative@gmx.de

1. Auflage 2002

Lektorat, Satz und Gestaltung: Dirk Alvermann
Herstellung: Books on Demand GmbH
Titelfoto: Porträt von Gottlieb Mathias Carl Masch

ISBN 3-8311-4103-7

Demerner
Dorfgeschichten

von

Karl Heinz Molkenthin

Inhalt

Zum Geleit

Auf den ersten Blick mag der Titel dieses Buches dörfliche Idylle, wohl gar provinzielle Abgeschiedenheit erwarten lassen. In Wirklichkeit aber geht es hier - bei aller verständlichen Bescheidenheit des Autors - um Geschichten zur Geschichte einer ganzen Region, die in ihrer Sinnfälligkeit weit über Demern, ein Kirchspiel im Ratzeburger Land des früheren Herzogtums Mecklenburg-Strelitz, hinausreichen. Dabei ist es wohl einem im Nachhinein mehr oder weniger zufällig erscheinenden Zusammentreffen mehr oder weniger glücklicher Umstände zu danken, wie Molkenthin im ersten Kapitel schildert, dass auf einem Demerner Dachboden unter Gerümpel, Schutt und Taubenmist verschollene Urkunden und wertvolle Handschriften durch seine Forscherneugier das Licht heimatgeschichtlicher Öffentlichkeit erblickten.

Zentrale Gestalt der überraschenden Entdeckungen ist der Demerner Pastor Gottlieb Matthias Carl Masch (1794-1878), Archivrat und Doktor der Theologie, vom Großherzog mit dem Ritterorden der Wendischen Krone ausgezeichnet. Den umsichtigen Leiter der Schönberger Bürgerschule und späteren Pastor in Demern hatte seine wissenschaftliche Arbeit zur Geschichte des Bistums Ratzeburg zu einem bedeutenden Altertums- und Heimatforscher Mecklenburgs gemacht. Was Friedrich Lisch für Mecklenburg-Schwerin war, wurde Masch für das Fürstentum Ratzeburg.

Der Verein „Kulturinitiative Maurine-Radegast e. V." veröffentlichte von Karl Heinz Molkenthin bereits seit 1996 in ihren „Rehnaer Beiträgen" unter den Titeln „Gottlieb Matthias Carl Masch - ein mecklenburgischer Pastor", „... das arme Dorfschulmeisterlein" und „Land an der Maurine" Geschichten um Demern und die von Schönberg und Ratzeburg aus verwaltete Exklave des Herzogtums Mecklenburg-Strelitz. In der Folge erschienen einzelne Episoden dazu im Mitteilungsblatt des Vereins, in der Lokalpresse und in der Beilage zur Schweriner Volkszeitung, dem „Mecklenburg-Magazin“.

Das vorliegende Buch fasst das bisher Erschienene zusammen, wobei auch frühere Publikationen, besonders aus den „Mitteilungen des Heimatbundes für das Fürstentum Ratzeburg“ mit herangezogen und ausgewertet wurden.

Autor und Herausgeber wünschen sich, dass die “Dorfgeschichten“ einen wohlwollenden Leserkreis finden mögen, sei es bei den erfreulich heimatbewußten Demernern, sei es unter Gästen und Besuchern, die sich mit unserer reizvollen Landschaft auch deren ganz besondere Geschichte und eigenartigen Geschichten erschliessen möchten.

Neschow, Juli 2002 Dirk Alvermann

Handschriften unter Schutt und Taubenmist

Demern, im heutigen Landkreis Nordwestmecklenburg gelegen, gehörte vor Zeiten zum Bistum Ratzeburg, später zum gleichnamigen Fürstentum und noch später zum Kreis Schönberg und in jüngerer Vergangenheit zum Kreis Gadebusch. Das Dorf wird erstmals im Ratzeburger Zehntenregister 1230 genannt. Der Zehnte von den darin angegebenen 22 Hufen waren unter verschiedenen Partien aufgeteilt. Den Löwenanteil hatte der Bischof zu Ratzeburg mit dem halben Zehnten von 18 Hufen. Kleinere Anteile hatte die Kirche von Carlow und auch das Kloster in Rehna sowie einige andere Nutznießer. Henneke von Bülow zu Röggelin verkaufte oder schenkte dem Bischof im Jahre 1398 5 1/2 Hufen „mit dem Wall". Mit dem letzteren ist die sogenannte Schlangenburg gemeint, deren Wall erst 1900 eingeebnet wurde, deren Standort sich aber heute noch ausmachen lässt. Lange ist um diesen Namen gerätselt worden. Eine einfache Erklärung ist, dass diese Burg ehemals ein slawischer Burgwall gewesen ist und der Name sich von „Slawenburg" über „Schlawenburg" zu „Schlangenburg" verändert hat.

Das Fürstentum Ratzeburg war seit 1701 eine Exklave des Herzogtums Mecklenburg-Strelitz. Wie in allen Dörfern im Ratzeburgischen gab es auch in Demern keine leibeigenen Bauern. Schon lange waren sie Besitzer ihrer Höfe, leisteten allerdings Abgaben an den Bischof, kamen aber ansonsten zu einem gewissen Wohlstand. Der drückte sich in einem hohen Selbstwertgefühl der Hauswirte aus, die dieses sowohl in den ortstypischen Trachten, als auch im oftmals reichen Giebelschmuck ihrer niedersächsischen Hallenhäuser demonstrierten. Obwohl das Waffentragen verboten war, erschienen die bäuerlichen Hochzeiter mit dem Degen an der Seite zur Trauung.

In einigen Dörfern entstanden, besonders nach dem Dreißigjährigen Kriege durch Wüstwerden von Stellen größere Höfe, die zu Domänen zusammengelegt und von Pächtern bewirtschaftet wurden. Das war auch in Demern der Fall, wo auch heute noch am Ostende des Dorfers der große Hof liegt. Er wird aus einer bischöflichen Schäferei hervorgegangen sein und ist wahrscheinlich durch Angliederung wüster Hufen und evt. Legungen vergrößert worden.

Etwa um 1650 waren in Demern folgende Stellen bewirtschaftet: der Hof, die spätere Domäne, der Pfarrhof, die Schulzenstelle (Doppelhufenstelle), ein Dreiviertelhüfner (Halbdiener), zwei Großkätner (Kossaten), vier Kleinkätner. Alle Bauern waren zum Hofdienst bei der Domäne verpflichtet. Das äußerte sich in den zu leistenden Hand- und Spanndiensten, welche zum Ende des 18. Jahrhunderts durch die Zahlung einer jährlichen Geldsumme zum Teil abgelöst waren, und im Dienstgeld.

Im Dorf lebten eine Reihe von Menschen, die den Bauernhöfen zugeordnet waren. Notwendig gab es Handwerker, wie den Schmied und den Rademacher, die landwirtschaftliche Geräte herstellten und reparierten, Tischler und Zimmermann, Schneider und Schuster. Landarbeiter waren im Tagelohn bezahlte Helfer bei den Bestellungs- und Erntearbeiten, soweit das Potenzial der Familie, die Söhne und Töchter hierfür nicht ausreichte.

Demern war Mittelpunkt des gleichnamigen Kirchspiels, zu dem Groß und Klein Rünz und Schaddingsdorf gehörten. Ein Pastor betreute die Gemeinde und führte die Oberaufsicht über die Küsterschule im Ort und die Schule in Groß Rünz. Die Demerner Dorfgeschichten basieren in ihrer Hauptsache auf Schriftmaterial aus dem 19. Jahrhundert. Der Zufall spielte den Großteil der Papiere dem Autor in die Hände und das kam so:

Schon lange stand ein Stapel Obstkisten in einem Abstellraum des Amtsarchivs in Rehna. Gefüllt waren sie mit teilweise recht verschmutzten, unansehnlichen und brüchigen Papieren, mit

Kladden und altertümlichen Drucksachen. Wer es wagte, darin zu wühlen, musste einer Konfrontation mit Taubenmist, Spatzenkot und Mörtelresten, vermischt mit jeder Menge Staub gewärtig sein. Zwischen den gilbenden Seiten wohnten Silberfischchen, urtümliche Insekten, lauerten millimeterkleine Bücherskorpione auf noch kleinere Staubläuse; und plattgedrückte, gleichsam „herbarisierte“ Florfliegen und Spinnen klebten also konserviert auf manchen Blättern.

Eigentlich Abfall das Ganze, reif für die Müllhalde. Doch Dirk Alvermann hatte das Zeugs, aufmerksam gemacht durch Bewohner, etwa 1993 auf dem Dachboden des Demerner Pfarrhauses gefunden und, bevor es mit Kartoffelforken in den Abfallcontainer geschaufelt werden konnte, in besagte Kisten gepackt und, in seiner Eigenschaft als Leiter des neugegründeten Gemeinschaftsarchivs der Gemeinden des Amtes Rehna, sichergestellt. Kein Zufall war, dass er auf Obstkisten zur vorläufigen Aufbewahrung zurückgriff, denn sie standen ihm als Hinterlassenschaft der ehemaligen Apfelplantage Demern in ausreichender Menge zur Verfügung.

Da nun bin ich darauf gestoßen, als ich ein Jahr als Projektleiter bei der Kulturinitiative Maurine-Radegast e. V. arbeitete. Vorsichtig, jedes tiefe Einatmen vermeidend, nahm ich einige der zuoberst liegenden Blätter heraus. In einem nur schwer zu entziffernden Gemisch von deutscher und lateinischer Schrift steht auf einem Blatt zu lesen:

„Dietrich Asmus Heinrich Baars, ehelicher Sohn des weiland Schustermeisters Johann Heinrich Baars in Demern und seiner Ehefrau Lehn Fiek geb. Otte, ist nach Ausweisung des hiesigen Kirchenbuches am 5. März 1800 und fünfzehn (1815) geboren und am 8. des Monats getauft worden, wie hiermit SUB FIDE PASTORALIS bescheinigt wird. Demern, den 20. April 1862. C. Masch, Archivrat, Pastor“ Und dazu das gestempelte Siegel der Kirche zu Demern.

Masch? Das war doch der berühmte mecklenburgische Altertums - und Heimatforscher, seit 1838 Pastor in Demern, den der Großherzog ob seiner Verdienste zum Archivrat ernannte und mit dem „Ritterorden zur Wendischen Krone“ dekorierte, Zeitgenosse und Briefpartner des Geheimen Archivrates Lisch, Schwerin. Doktor Gottlieb Mathias Carl Masch, der 1878 starb und dessen schlichtes Grabkreuz man noch heute auf dem Kirchhof zu Demern findet, gepflegt von den Demernern, die auf „ihren“ Masch stolz sind.

Ein anderes Blatt: Ein Schreiben, mit dem roten Lacksiegel des Domhofes Ratzeburg versehen, abgestempelt und postalisch entwertet in Ratzeburg, adressiert an Se. Hochwürden Herrn Archivrat Pastor Masch in Demern bei Rehna. Darin steht: „Die Revision und Superrevision der Demerschen Kirchenrechnung vom Jahre 1868 hat zu folgenden Erinnerungen Anlass gegeben ...“ und es folgen Hinweise auf bisher nicht vorgenommene Berichtigungen in der Kirchenrechnung. Aufschlussreich ist eine zum Punkt 2 in gesonderte Anführungszeichen gesetzte Bemerkung: „Das Zitat (1 Petri, 2, 18) ... scheint nicht in die Kirchenrechnung zu gehören.“

Hier erkennt man den erhobenen Zeigefinger des endunterzeichneten Domprobstes Rußwurm, der sicher ein Schmunzeln bei dieser Bemerkung im Gesicht gehabt hat, denn das betreffende Zitat (schlag nach in der Heiligen Schrift) lautet: „Ihr Knechte, seid untertan mit aller Furcht dem Herrn, nicht allein dem gütigen und gelinden, sondern auch dem wunderlichen.“

Da saß also dem guten Masch, bei der nach etlichen Mahnungen endlich nachgereichten Kirchenrechnung der Schalk im Nacken und er hat es sich wohl nich „verkneifen“ können, die „plünnschietrige“ Pfennigfuchserei seines Freundes, des Domprobsten, freundlich zu kritisieren. Auf seine Art.

So trat mir in diesen beiden Blättern ein Masch entgegen, der nicht nur mir bisher unbekannt war. Ein Dorfpastor eben, der seinen alltäglichen Schreibkram erledigte. Was wohl noch alles zu entdecken war in in diesen Demerner Obstkisten? Aber Vorsicht! Trockener Taubenkot enthält gefährliche Krankheitserreger und leider zu spät habe ich Atemschutzmaske und Gummihandschuhe getragen. Ein hartnäckiger Reizhusten plagt mich noch heute. Aber ich habe es nicht bereut, in den Schriften gestöbert zu haben, denn es galt, einen weitgehend Geistesverwandten zu entdecken.

Die Fragmente des Demerner Pfarrarchivs, denn darum handelt es sich bei den Papieren, stammen größtenteils aus dem 19. Jahrhundert. Es ist vor allem der Schriftwechsel Maschs mit der Probstei in Ratzeburg, mit dem Konsistorium und den Ämtern in Schönberg bis hin zum Großherzog nach Neustrelitz. Aber auch der unmittelbare Vorgänger des Archivrates auf der Pfarrstelle Demern, Pastor Rudolphi, und die Pastoren Fischer und Janell, Nachfolger von Masch, trugen zu diesen Streiflichtern aus dem Dorfleben im 19. Jahrhundert bei.

Beisetzung nach 160 Jahren

Es war eine nur kleine Gemeinde, die sich am 2. September 1997 in der damals zum Teil renovierten Kirche zu Demern zusammengefunden hatte. Die kurze Feier galt dem 1837 gestorbenen Pastor Rudolphi, der von 1810 bis 1837 in Demern amtierte. Er ruhte bis zu diesem September an der Seite seiner schon früher verstorbenen Frau in dem kleinen Totenhäuschen, das unweit von Pastor Maschs Grab errichtet worden war.

Eine Ururenkelin Rudolphis, Frau Hannemann aus Ratzeburg, hatte sich 1996, anläßlich einer Feier zur Rückkehr zweier restaurierter Altarfiguren in die Demerner Kirche bei Pastor Kähler nach ihrem Vorfahren erkundigt und war von diesem an mich verwiesen worden, der ich auch an der Feierlichkeit teilnahm. Ich konnte Frau Hannemann Auskunft geben und erklärte, dass ich ihren Vorfahren sogar „von Angesicht" gekannt habe. Das erstaunte sie sehr und ich musste diese Behauptung schnell aufklären:

Zu Anfang der 80er Jahre besuchten meine Frau und ich den Kirchhof in Demern. Dabei kamen wir auch an der oberirdischen Grabstätte des Ehepaares Rudolphi vorbei. An der hölzernen Tür befand sich eine Emailletafel mit dem Text:

Ruhestätte von Wilhelm Christoph Ludwig Rudolphi, geb. 1. Septr. 1765, gest. 16. Mai 1837 (von 1810 - 1837 Pastor zu Demern) und seiner Ehefrau Anna Emilie Louise geb. Reinhard, geb. 13. Juli 1778, gest. 11. April 1826

Die Tür stand offen und man konnte die beiden eichenen Särge sehen, die auf Böcken standen. Offenbar hatten neugierige Kinder die Tür erbrochen. Mehr noch, das obere Sargdeckelbrett war abgerissen und man konnte die Gebeine des Toten sehen. Sie lagen noch in organischer Ordnung, umgeben von Staub und Stoffresten. Der Schädel fehlte. Er lag unter dem anderen, noch unbeschädigten Sarg. Ich nahm ihn dort fort und legte ihn wieder an Ort und Stelle. Ich habe also den Pastor Rudolphi „von Angesicht" gesehen.

Auf diese Weise hatte die Nachfahrin von der bisherigen Ruhestätte ihrer Urahnen erfahren. Bei der Besichtigung des sehr stark reparaturbedürftigen „Mausoleums" reifte in ihr der Gedanke, die sterblichen Überreste endlich der Erde zu übergeben. Aus den immer noch gut erhaltenen Eichenbrettern der beiden Särge fertigte das Bestattungsunternehmen Gohl, Gadebusch, unter Beibehaltung der überkommenen Form einen Sarg, der das, was von den Gebeinen der vor so langer Zeit Gestorbenen noch übriggeblieben war, aufnahm.

Die Andacht wurde gehalten von Pastor Kähler, Carlow, begleitet auf der nur mit großer Mühe zu spielenden Orgel durch Herrn Hannemann. Sechs Gemeindemitglieder aus Demern trugen den schweren Sarg zur Gruft, die neben dem Grab von Pastor Masch, der hier seit 1778 von seiner seelsorgerischen und wissenschaftlichen Arbeit ausruht, ausgehoben war. Pastor Kähler würdigte seinen längst verstorbenen Amtsvorgänger, indem er einen Abriss von dessen Leben gab.

Ein Schreiben der Großherzoglichen Konsistorial-Kommission aus dem Jahre 1810 weist an: „Am Sonntag Invocavit 1810 ist der Gemeinde zu Demern nach der Predigt bekannt zu machen: Nachdem die hiesige christliche Gemeinde durch das Absterben des vormaligen würdigen und allgemein geschätzten Lehrers und Predigers, des wailand Hochehrwürdigen Herrn Pastoris Rogggenbau, seit einem Jahr des Unterrichts und Zuspruchs eines eigenen Seelsorgers beraubt gewesen, so ist es nunmehr durch die gnädige Fügung Gottes dahin gediehen, daß die verwaiste Gemeinde wiederum einen bei dieser Kirche ordentlich angestellten Lehrer und Prediger erhalten wird, indem Seiner Herzoglichen Durchlaucht, unser gnädigst regierender Landesherr dem Kandidaten des Predigeramtes und bisherigen Subrektor an der Domschule zu Ratzeburg, Herrn Wilhelm Christoph Ludwig Rudolphi, die erledigte Pfarre zu Demern zu ertheilen und ihn zum Prediger dieser christlichen Gemeinde zu berufen geruht haben. Es soll derselbe bei dem nunmehr zu Ende gehenden Gnaden-Jahr, am künftigen Sonntag Reminiscere, also heut über 8 Tage, der christlichen Gemeinde hieselbst, nachdem er seine Probepredigt wird gehalten haben, vorgestellt, und 14 Tage darauf, als am Sonntag Laetare, feierlich zu seinem heiligen Amte ordiniert und eingeführt werden. ...“

Wilhelm Christoph Ludwig Rudolphi wurde am 1. September 1765 in Friedland in Mecklenburg geboren. Er besuchte die Schule seiner Vaterstadt und studierte 1785 bis 1788 in Halle und Greifswald. Im Jahre 1800 wurde er Subrektor der Domschule zu Ratzeburg. 1810 berief ihn der Herzog von Mecklenburg-Strelitz auf die Pfarrstelle in Demern, die er 27 Jahre treu verwaltete und betreute.

Große Verdienste erwarb sich Pastor Rudolphi um die Durchsetzung des 1767 erlassenen „Herzoglich Mecklenburgischen Reglements für die Landschulen des Fürstenthums Ratzeburg“, das bis in das 19. Jahrhundert hinein, immer wieder zeitgemäß ergänzt, gültig blieb. Er war bei der Einhaltung dieses Reglements recht streng und achtete besonders auf den regelmäßigen Schulbesuch der Kinder, wobei er sich nicht scheute, säumige Eltern mittels „Schulzwang“ auf ihre Pflichten zu verweisen, ja selbst, bei hartnäckigen „Verweigerungen“, drastische Strafen anzuwenden. Das hat ihm sicher den Zorn mancher Gemeindemitglieder eingetragen; für das Bildungsniveau in Demern und Groß Rünz war seine Konsequenz jedoch sehr segensreich.

Bei der Regulierung der Ländereien in Demern gelang es ihm, das Pfarrland auf die ursprüngliche Flächengröße zurückzuführen. Dabei musste er einige Prozesse durchstehen, wobei auch um Wege, die unberechtigt über das Pfarrland gingen, gestritten wurde. Pastor Rudolphi stand diese Streitigkeiten energisch durch und erwarb sich damit Verdienste um die Pfarre zu Demern, in deren Genuss aber vor allem sein Nachfolger, Archivrat Dr. Masch, kam.

Nach einer 25jährigen Ehe starb am 11. April 1826 seine Frau, Anna Emilie Louise, eine geborene von Reinhard, die Mutter seines einzigen Sohnes, des späteren Landphysikus Dr. med. Friedrich Ludwig Carl Rudolphi, königlich dänischen Justizrates in Ratzeburg, welcher sich auch als Botaniker einen Namen gemacht hatte.

Im Jahre 1828 heiratete Pastor Rudolphi Auguste Christine Stein zu Friedrichshagen. Die Ehe blieb kinderlos. Diese zweite Frau Rudolphis überlebte ihn um 43 Jahre. Sie starb in Wismar.

Am 6. Mai 1837, zehn Tage vor seinem Tode, diktiert der Pastor seinem Sohn ein Gesuch an die Großherzogliche Konsistorial-Kammer zu Ratzeburg, welches dort am 8. Mai einging:

„Nachdem ich jetzt fast fünfzig Jahre hindurch meinem Vaterlande als Erzieher, Lehrer und Seelsorger gedient, und seit dem Schlusse des vorigen Jahrhunderts die mir von meinem gnädigsten Fürsten anvertrauten Ämter an der Domschule bei Ratzeburg und als Pastor hieselbst pflichtgetreu verwaltet, mahnt mich das Schwinden meiner Kräfte daran, dass ich das gewöhnliche Lebensalter des Menschen seit längerer Zeit überschritten habe, und meinem Ziele sehr nahe seyn dürfte. Zudem ist mein rechtes Auge seit zwei Jahren fast völlig erblindet, das andere Auge schwach, die linke Seite meines Körpers seit dem Anfang dieses Jahres durch Nervenschlag gelähmt, und mir die Verrichtung meiner Amtsgeschäfte bisher unmöglich geworden. ... So hat sich in mir der Wunsch gebildet, mein Amt und meine Pfarre, so bald als thunlich, in die Hände meines gnädigen Fürsten zurückgeben zu können. ..."

Zum Schluss seines Schreibens bittet er, ihm „während der wenigen übrigen Tage (seines) jetzigen hülflosen Alters" seine Existenz zu sichern, da es ihm während seiner Amtszeit nicht gelungen sei, die Mittel zur Erhaltung seines Alters zu erübrigen. Er führt den geringen Ertrag der Pfarrstelle, die Kriegslasten während der „Franzosenzeit" und Missernten als Gründe dafür an. In einer von ihm begonnenen chronikartigen Aufzeichnung aus den Kirchenbüchern bis in seine Amtszeit ist das durchaus nachzuvollziehen.

Noch bevor ihm Antwort vom Konsistorium wird, stirbt Rudolphi am 16. Mai 1837. Er wird in dem kleinen Mausoleum, welches er nach dem Tode seiner ersten Frau errichten ließ, an deren Seite zur letzten Ruhe gelegt. - Nach 160 Jahren wurde am 2. September 1997, was an beiden sterblich war, „zur Erde bestattet".

Das Lateinische Schulbuch

Pastor Rudolphi war, als er das Schulbuch schrieb, noch kein Demerner. Aber etwas später wurde er Seelenhirte der Gemeinde. Im Jahre 1810, dem Jahr seines Amtsantritts, erschienen bei Franzen und Grosse in Stendal die zwei Bände (jeder Band zu 8 Groschen) mit den Titeln „Lateinisches Schulbuch für den ersten Unterricht nebst einem vollständigen lateinisch-teutschen Wörterbuche, Teutschlands Jugend gewidmet ..." und „Lateinisches Schulbuch für mittlere Schulklassen, enthaltend lateinische Erzählungen aus der Geschichte der Teutschen, nebst einem vollständigen lateinisch-teutschen Wörterbuche, Teutschlands Jugend gewidmet ...". Beim ersten Band heißt es nach „gewidmet": „von W. C. L. Rudolphi, Subrektor an der Domschule zu Ratzeburg und ernanntem Prediger zu Demern im Ratzeburgischen", beim zweiten lautet der Zusatz: „Prediger zu Demern im Ratzeburgischen".

Der erste Band wurde im Januar, der zweite im Juli 1810 veröffentlicht. Zwischen beiden Daten liegt die Berufung nach Demern, wo die Pastorenstelle nach dem Tode des Pastor Roggenbau neu zu besetzen war. Bis dahin unterrichtete Rudolphi an der Domschule zu Ratzeburg unter anderem Latein. Er tat es bereits als Kandidat und dann in seinem Amte als Konrektor, das er neun Jahre bekleidete. Dabei waren ihm Zweifel an der Zweckmäßigkeit der gebräuchlichen Lehrbücher gekommen, weil zu wenig auf „die Fassungskraft der Kinder und auf deren völlige Unbekanntschaft mit der zu erlernenden Sprache Rücksicht" genommen wurde. Er sah, bei allem Respekt den Verfassern dieser Lehrmaterialien gegenüber, den Grund dafür „darin, weil größtenteils Männer, mit dem Geiste der Sprache vertraut und mit dem höheren Unterricht derselben beschäftigt, sich dieser Arbeit unterzogen; teils aber auch darin, weil man ohne Auswahl, ohne Rücksicht auf das Alter und die Fähigkeiten der Kinder, für welche man schreiben wollte, aus fremden Büchern zusammentrug."

Rudolphi stellte als Neues in seinem Lehrbuch die beiden Haupterfordernisse heraus: 1. Leichtigkeit, Fasslichkeit und allmähliches Fortschreiten zum Schwereren; 2. die Auswahl der Lehrgegenstände.

Besonders im zweiten Anliegen ging er einen neuen Weg. Statt der gebräuchlichen Tierfabeln, bei welchem die Kinder hätten glauben müssen, dass es mit Sprache oder Vernunft ausgestattete Tiere wären, die darin handelten, oder statt der Stükke aus der Götterlehre, die er für ungeeignet hielt, da sie bei jüngeren Schülern „irrige und schwer zu vernichtende Vorstellungen über das Heiligste der Menschheit, über Religion," hervorrufen könnten, nimmt er die Lehrgegenstände aus der Natur- und Weltgeschichte. Dementsprechend enthält sein erster Band „in leichten Sätzen das Wissenswürdigste aus der Naturgeschichte ausländischer, sowohl zahmer und nützlicher, als wilder und reißender Thiere, aus der Einrichtung des Weltgebäudes und ... Schilderung einiger Geschäfte des menschlichen Lebens."

Es schließt sich „eine ausführliche Beschreibung der nützlichsten einheimischen Thiere an" und die „körperlichen und geistigen Vorzüge und Vollkommenheiten des Menschen".

Im zweiten Band, für die „mittleren" Schulklassen, verzichtete Rudolphi auf die gebräuchlichen römischen Schriftsteller, da er „in einer Chrestomathie alle römischen Autoren gleichsam in einer Nuss zusammengestoppelt fand". Und er kann sich den Jüngling vorstellen, der „sich erinnert, das im Corea, im Cicero, im Livius eben vorkommende Stück gleichsam in seinem Fibelbuche der lateinischen Sprache schon einmal gelesen zu haben. Muß er nicht glauben, gleichsam in die Kinderwelt seines Sprachstudiums wieder zurück versetzt worden zu seyn?".

Also übersetzte er Stücke der „teutschen" Geschichte in die lateinische Sprache, stellte „große Männer" dar, „die seines Vaterlandes Zierde und Stolz waren". Wobei er „weniger auf kriegerische Taten, als auf Charakterschilderungen und edle und große Gesinnungen und Handlungen Rücksicht" nahm und nur bei den Ereignissen des Dreißigjährigen Krieges eine Ausnahme machte. Dies deswegen, weil er „die darin auftretenden großen Männer ganz dazu geeignet hielt, den Jüngling zu interessieren, und für die Religion seiner Väter und seines eigenen Herzens zu entflammen".

Zum Schluss seines Vorwortes schrieb er im Juli 1810: „Wenn ich nun gleich in meinem übrigen Leben wahrscheinlich weniger von diesen meinen beiden Büchern, ... , Gebrauch machen werde, ich bei der Ausarbeitung derselben ganz, indem ich, durch die Gnade meines Fürsten in einen anderen Wirkungskreis versetzt, weniger Gelegenheit haben werde, mich mit dem Unterrichte der lateinischen Sprache zu beschäftigen; so habe ich dennoch weit weniger Bedenken getragen, sie dem Publikum zu übergeben, als ich hoffte, dadurch Nutzen zu stiften ...".

Das zweibändige Lehrbuch ist heute kaum noch in einer antiquarischen Sammlung zu finden. Einem in Mailand lebenden Ur-Ur-Ur-Enkel Pastor Rudolphis aber gelang es, ein letztes Exemplar ausfindig zu machen. Auszüge aus der Vorrede zu den lateinischen Texten sind hier wiedergegeben. Die Betonung des „Teutschen" kann als Hinweis darauf gesehen werden, dass es unter den Pastoren und Geistlichen am Vorabend der Befreiungskriege bereits 1810 Bemühungen gab, das Nationalbewusstsein zu wecken. Dieser Rolle der Intelligenz zu Beginn des 19. Jahrhunderts sollte einmal nachgegangen werden.

Mit Pastor Rudolphi ist uns nun ein weiterer „Großer" aus der Gemeinde Demern bekannt. Von anderen wird noch zu berichten sein. Und dabei erhebt sich die Frage, wo denn die heutigen „großen Demerner" bleiben. Wirken sie still und unerkannt?

Die Versuche Rudolphis, so etwas wie eine Chronik seines Kirchspiels aufzuschreiben, seien im folgenden Kapitel vorgestellt.

Demerner Pitaval

Der französische Jurist Francois Gayet de Pitaval (1673 - 1743) veröffentlichte eine Sammlung merkwürdiger Kriminalfälle. Die deutschen Übersetzungen wurden Ende des 18. Jahrhunderts sowohl von C.W. Franz, als auch von Friedrich Schiller herausgegeben. Eine Neuausgabe gab es in der DDR 1950.

Der Name „Der Pitaval" wurde danach allgemein zur Bezeichnung von Kriminalfallsammlungen. Bekannt ist der „Prager

Pitaval“ von Egon Erwin Kisch. Manche unserer Leser können sich sicher an Friedrich Karl Kauls „Der Pitaval der Weimarer Republik“ erinnern, eine Serie, die nach dem gleichnamigen Buch von 1953 in mehreren Folgen im Fernsehen der DDR lief.

In einem alten Schulheft fand sich eine Abschrift von Aufzeichnungen, die Pastor Rudolphi aus den Jahren 1602 bis 1827 wahrscheinlich nach dem Kirchen- und/oder Sterbebuch herausgeschrieben hatte. Die originalen Aufzeichnungen selbst, wie auch die von Rudolphi genutzten Dokumente sind verschollen. Die Abschrift stammt aus den 1930er Jahren und wurde von Adolf Michaelis, Lehrer in Demern und Carlow, als Grundstock zu einer Demerner Chronik angefertigt. Bereits 1938 wurden Teile davon bei einem Dorffest vorgetragen. Dabei wirkte auch Rudolf Hartmann mit, der Dichter aus Demern, über den noch zu berichten sein wird.

Da es sich bei den Rudolphischen Aufzeichnungen in den meisten Fällen um die Wiedergabe krimineller Ereignisse handelt, lag es nahe, die hier getroffene Auswahl „Demerner Pitaval“ zu nennen:

Im Jahre 1602, so berichtet Pastor Rudolphi, hat der Kirchengeschworene Hinrich Lütchen Dachsteine vom Kirchenbau abholen und sich davon in seinem Katen, der von Peter Rüthing bewohnt wird, einen Kachelofen bauen lassen. Der seinerzeitige Pastor Zander hätte diesen Vorgang so kommentiert: „Das sind die Früchte, wenn Bauern eine Macht worüber gegeben wird, die sie sich als Juraten angemaßet und die ihnen gelassen worden.“ Der Kirchengeschworene Hinrich Lütchen ist in seinem Amt geblieben.

Anno 1609 wurde die Armenkiste, die in der Gerbekammer stand, beraubt und daraus 10 Gulden und 10 Schillinge genommen. (Die genannte Gerbekammer ist der Anbau an der Südseite der Demerner Kirche.)

Der Dreißigjährige Krieg hatte auch um Demern keinen Bogen gemacht. Aus den Jahren 1633 bis 1640 weiß Pastor Rudolphi zu berichten, dass die Kaiserlichen und auch die schwedischen Truppen fürchterlich mit Plündern und Rauben gewütet haben. Viele Einwohner des Kirchspiels verließen ihre Stellen und flüchteten in andere Länder. Ein Pastor Mund (gestorben 1630) und auch sein Vorgänger, Pastor Cramer, wären in unwahrscheinlicher Armut gestorben. Sie konnten zu Lebzeiten einen geringfügigen Betrag, den sie von der Kirche ausgeliehen hatten, nicht bezahlen. Im Jahre 1641 wurde das Pastorenhaus und die Küsterei gänzlich verwüstet, die silbernen Altargeräte und auch die Turmglocken wurden „weggenommen". Neunzehn Höfe lagen wüst, weil ihre Bewohner umgekommen oder geflohen waren.

In den folgenden Jahren passieren Unglücksfälle, die man, verglichen mit den Kriegszeiten, als normal bezeichnen könnte. Es sind keine Kriminalfälle, doch erschienen sie Pastor Rudolphi so bedeutsam, daß er sie der Erwähnung für Wert hält.

Am 23. Dezember 1664 stürzt sich in Groß Rünz ein „junger Mensch" zu Tode und 1667 „fällt ein Mensch auf seiner Rückreise von Lübeck vom Wagen". Auch er stirbt und wird in Demern begraben. Da das extra vermerkt wird, handelt es sich nicht um einen Angehörigen des Kirchspiels.

Während 1668 ein Mann in Röggelin 100jährig stirbt, verunglückt im selben Jahr ein junges Mädchen tödlich, als es im Brauhause durch die Schleete hindurch auf den harten Boden hinabstürzt.

Das alte Pfarrhaus brennt 1678 ab, es wird neu aufgebaut und der Rest des abgebrannten wird zur Scheune umgebaut. Ein Knecht aus Röggelin ertrinkt 1679 im dortigen See. So häufig kam das wohl nicht vor, dass jemand sich schwimmend in den See hinein wagte. Die Menschen scheuten das Wasser. Möglicherweise fürchteten sie sich vor Wassergeistern, wie sie ja auch an Hexerei und Zauberei glaubten.

Nicht in den Aufzeichnungen von Pastor Rudolphi, sondern in „Hexen und Hexenverbrennungen im Lande Ratzeburg" bei Endler, Neustrelitz, (Sonderbeilage zu Nr 4 der „Mitteilungen des Heimatbundes für das Fürstentum Ratzeburg" 5. Jahrgang,

November 1923) finden sich folgende zwei Angaben: „1687 Anna Wiencke aus Demern verbrannt. 1687/88 Trin Ahrens aus Demern freigesprochen.“

Rudolphi vermerkt lediglich: „Anno 1696 am 11. Juni wurde eine Schneiderfrau aus Demern, Catharina Ahrensch, obgleich sie von der alten Hexe Wienke auch für eine Zauberin ausgegeben worden, dennoch, weil man nie etwas Böses von ihr gehört oder gesehen hat, auf dem Kirchhof begraben“. So ist also der seltene Fall eingetreten, dass eine Person, die von einer als Hexe angeklagten Frau unter der Folter beschuldigt wurde, frei kam.

„Im Jahre 1708,“ so berichtet der Pastor, „ist eine schwangere Frau beim Wasserholen in den Teich gefallen und durch den Schreck sind ihr zwei Kinder abgegangen. Weil nun bei diesen kein Leben zu bemerken gewesen, aber bei der Besichtigung dreier Frauen dennoch eine ganze menschliche Gestalt mit allen Gliedmaßen gefunden worden, so wurden sie auf dem Friedhof begraben, da sonst die Eltern in ihrem Garten hatten einscharren wollen, auch schon so lange bei sich verhehlet, daß die Frucht schon sehr zerflossen, dennoch aber Nase, Ohren und ein Bein noch kenntlich gewesen.“

Anno 1711 starb in Demern eine Frau, die 106 Jahre alt geworden war. „In ihrer Krankheit ist sie noch aus dem Bett gefallen und hat einen Arm gebrochen.“ Im selben Jahr „hat ein Mann wegen seiner Diebereien Kirchenbuße tun sollen, die Strafe aber mit 15 Mark abgekauft.“

Unter der Kirchenbuße hat man wohl das Anschließen im Halseisen zu verstehen, welches unter anderem auch denjenigen Sündern drohte, die z.B. während der Predigt aus der Kirche liefen, um auf dem Kirchhof miteinander zu schwatzen. Noch heute ist dieses Halseisen an der Kirche zu Demern zu sehen.

Im Jahre 1712 fand am 20. Dezember bei Gadebusch eine Schlacht statt. Hier besiegten die Schweden unter General Stenbock die übermächtigen Dänen. Der gesamte „Nordische Krieg“ ging zu Lasten der Länder, auf deren Territorien dieser Krieg ausgetragen wurde. Es litten besonders Mecklenburg und Pommern und hier vor allem die „kleinen Leute“. Auch an Demern ging dieser Krieg nicht spurlos vorüber.

„Anno 1712 haben die Schweden bei ihren Streifereien gegen Dänemark und vor der Schlacht bei Gadebusch hier gewaltig gehauset. Auch haben sie die Torflügel des Pfarrhauses gewalttätigerweise ausgehoben und in Stücke geschmissen. Auch in der Kirche waren Fenster zerschlagen.“

Noch 1716 wirkt der Krieg nach: „1716 ist in Schaddingsdorf bei dem schweren Durchmarsch ein dänischer Soldat geblieben und gestorben, der, weil man in der unruhigen Zeit nicht zu einem Sarg kommen können, auf gut soldatisch und campagnisch begraben worden, nämlich in Stroh gewickelt. Er war, heißt es im Sterbebuch, im Tode noch lebendig, nämlich von solchen Tieren, womit Soldaten gemeiniglich incommodiert sind.“

Neben „ganz normalen“ Unglücksfällen tritt gelegentlich auch ein rätselhafter Todesfall auf: „Anno 1718 hat eine Witwe in Schaddingsdorf morgens beim Aufstehen, wo sie zum Dreschen gegangen ist, ihr einziges kleines Kind auf dem Bett liegen lassen, wo demselben das Kissen auf den Kopf gefallen und es erstickt ist. Sie ist deshalb hart befragt worden, ob sie auch Schuld daran gewesen, doch hat sie ihr Unglück beteuert und daß das Kind ihr einziger Trost gewesen.“ „Hart befragt“ bedeutet in diesem Fall, dass der unglücklichen Frau die Folter angedroht worden ist.

Es ist übrigens dasselbe Jahr, in dem der Demerner Kirche ein altes Uhrwerk von der Carlower Kirche geschenkt worden ist. Es war reparaturbedürftig und die „Knechte gaben 15 Reichstaler, 8 Schillinge her“, um es wieder herstellen zu lassen. Es wurde jedoch schon 1769 nach Mustin für 7 Reichstaler verkauft, wo es sich zu Beginn des 19.Jahrhunderts, als Pastor Rudolphi diese Aufzeichnungen machte, noch in gutem Zustand befand. Ob es wohl heute noch seinen Dienst versieht? Es kann ja ‘mal nachgefragt werden.

„Anno 1726 und wie es scheint auch 1727 ist mittelst Erbrechung der Kirchenfenster der Kirchenkasten abermals bestohlen worden, indem im letztgenannten Jahr eine Glasrechnung vorkommt für Besserung eines Kirchenfensters, welches die Diebe zerbrochen, so wie 1726 bemerkt wird. In diesem Quartal (Michaelis bis Weihnachten) ist die Kirche bestohlen worden, welches den Gotteskasten auch mitbetroffen, daher ist es wahrscheinlich, daß in beiden Jahren diese böse Tat verübt worden.

Anno 1729, am 10. August morgens frühe starb der Verwalter Dietrich Neuhaus zu Woitendorf eines schnellen und plötzlichen Todes, nachdem er des vorigen Tages bis an den späten Abend noch auf dem Felde gemähet und über nichts geklagt hatte. Die Seinigen gaben vor, daß er vom Schlag müsse gerührt sein, weil er die beiden Daumen fest in den Händen verschlossen gehabt, und er ward begraben. Etwa 18 Tage nachher breitete sich das Gerücht aus, er sei eines gewaltsamen Todes gestorben. Dieses konnte also auch nicht verborgen bleiben den fürstlichen Beamten zu Rehna, unter deren Jurisdiction der Hof steht. Nach Verlauf von 5 Wochen kam daher der Amtmann Evers von Rehna zum Pastoren und fragte, ob ihm nichts von der Sache bewußt wäre, was von Neuhaus Tode judiciret würde, worauf dieser erwiderte: Nichts weiter, als was Jedermann sagte, daß es mit seiner Todesart nicht natürlich zugegangen, die Weiber, die ihn angekleidet, müßten es am besten wissen, wie sie ihn zu der Zeit vorgefunden. Diese war des Schmieds und Weber Neumanns Frau aus Demern, welche, nachdem sie darum befraget, frei heraus bekannten, die Gurgel wäre ihm glatt abgeschnitten gewesen, und da die Neumann'sche dieses Spectacul ansichtig geworden, hätte sie gesagt, sie lege keine Hand mehr an den Körper. Die Neuhaus'sche und ihre Mutter hätten darauf geantwortet, er hätte es selbst getan, sie möchten es aber geheimhalten, damit er ein ehrliches Begräbnis erlangen möchte. Hierauf ward die Neuhaus nach Rehna gefahren sammt ihrer Mutter, und daselbst zur Inquisition gezogen, und nachdem Erstere den ersten Grad der Tortur ausgestanden, wurden sie wieder auf freie Füße gestellt."

1730 wird ein Knecht in Klein Rünz von den Pferden erschlagen; 1740 ertrinkt ein 3jähriger Junge; 1741 stirbt ein verlassenes und krankes Mädchen, welches die Breesener nach Demern „abgeschoben“ hatten, im Haus des Schulzen. Man findet es eines Morgens tot im Bett. Der Sohn des Schulzen von Groß Rünz stürzt 1743 von einem durchgehenden Pferd und stirbt an den Folgen. Der Förster Schröder aus Demern will 1745 über den zugefrorenen Ratzeburger See reiten. Er bricht ein und ertrinkt mit seinem Pferde.

„Anno 1750 ist der damalige Pastor Roggenbau bestohlen worden, in dem dort eine Maurerrechnung erwähnt wird für die Einmauerung der von den Dieben ausgenommenen Wand.“

Der Sohn des Hauswirtes Hans Freitag wird 1774 bei einem Sommergewitter vom Blitz erschlagen. Im Winter 1779 findet der Schreiber von Klein Rünz einen „Jüngling von 14 Jahren“, der wahrscheinlich beim Betreten des Eises einer Kuhle eingebrochen und ertrunken ist. Er zieht den Toten aus dem Wasser. „Nach geschehener Besichtigung“, also nach einer Leichenschau, wird der Knabe „auf der elenden Seite“ begraben. Ein weiterer Unglücksfall ereignet sich 1783. Ein Dienstjunge aus Schaddingsdorf fällt beim Suchen des Viehs auf dem (Schaddingsdorfer-)Moor in eine Torfgrube und ertrinkt, da seine Hilferufe wohl von niemandem gehört werden. Auch er wird „nach Besichtigung begraben“.

„Anno 1786 entwich der Büdner und Schneider H. Land zu Groß Rünz, der seit langen Jahren heimlich Diebstahl getrieben und besonders nachts die Backöfen bestohlen, nachdem man in seinem Haus Nachforschung gehalten und ihn als Dieb befunden hatte, ohne bestraft worden zu sein. Das Haus kaufte der Schmied Holst, dessen Sohn es noch bewohnt.“

Die Geschichte eines Kindesmordes Anno 1787 wird an passender Stelle eingefügt. Anno 1805 ist des hiesigen Hauswirts Burmeister 3-jährige Tochter, als die Leute in der Kirche gewesen, im Teich vor dem Haus ertrunken.

Anno 1806, den 6. November, als die Franzosen unter Anführung dreier Marschälle mit einer angeblich 90000 Mann starken Armee die Preußen unter dem nachmals durch seine Siege so berühmt gewordenen Fürsten Blücher nach der unglücklichen Schlacht bei Jena hierher verfolgten, verübten die Nachzügler des französischen Heeres die schrecklichsten Greuel durch Plünderungen in allen Gemeinden und Orten, durch welche sie zogen. Dieses Schicksal traf auch Demern, bei welcher Gelegenheit sie durch Erbrechung der Küsterstube des sel. Pastors Roggenbau und des Kirchenkastens alle vorhandenen silbernen Gerätschaften raubten, nämlich 2 vergoldete silberne Kelche, 2 silberne Oblatenteller, 1 silberne Oblatendose, 1 kleiner vergoldeter Kelchlöffel, 1 großen vergoldeten, silbernen Kelch, so 32 Lot gewogen, 1 silbernern Teller dazu.

Anno 1807 den 12. November wurde während einer Leichenbestattung der Kirchenkasten auf dem Altar erbrochen und bestohlen von einem französischen Chasseur namens Michel. Die Tat wurde dadurch verraten, dass er im Kruge Wechselbank von Dreilingen und Sechslingen gehalten, und bestraft durch Verlegung aus dem Dorf.

Die letzten von Rudolphi verzeichneten Begebenheiten, insbesondere aus der „Franzosenzeit", erlebte er selbst mit: „Anno 1808 fand der Tod hier seine meisten Opfer, die jemals gewesen, nämlich 33, indem viele Kinder von den Blattern (Schwarze Pocken) und viele Erwachsene am Faulfieber (FLeckfieber?) starben. Anno 1812 wurde das Holländerhaus in Klein Rünz vom Blitz entzündet und brannte gänzlich ab.

Anno 1813 den 6. Mai früh um 5 Uhr wurde ein hiesiger Tagelöhner von seiner Frau auf dem Boden erhängt gefunden. Er wurde sogleich abgeschitten und alle möglichen Anstalten zu seiner Rettung, wiewohl vergeblich, getroffen. Auf Befehl der Herzoglichen Regierung wurde er nach geschehener Besichtigung, draußen vor der Kirchhofsmauer in dem Gange nach der Karkhofskoppel in der Stille eingescharrt. Was den Mann zu diesem Selbsmord bewogen haben könnte, war nicht auszumitteln.

Im selben Jahr ist hier die große Glocke geborsten, nach einer

Dauer von 100 Jahren. Sie wurde erst im Jahre 1827 in Lübeck durch den Glockengießer Hirt umgegossen. Die Ablieferung nach Demern erfolgte am 24. März 1828. In der Nacht vom 10./11. Dezember wurde durch Erbrechen der Kirchentür der Klingelbeutelkasten abermals gänzlich ausgeleert. Um diese oftmals wiederholten Beraubungen zu verhüten, wurde er seitdem auf meiner Stube verwahrt.

1813 waren hier die stärksten Durchmärsche und Einquartierungen, die wohl jemals hier stattgefunden. Im Frühling rückte ein französisches Corps unter General Morane, von Stralsund kommend, heran, richtete die Kanonen aufs Dorf, einen Überfall von den Kosaken befürchtend und zog in Eilmärschen durchs Dorf. Dann hatten wir 10 Wochen lang Kosaken, nachher Schill- und Estorf-Husaren im Quartier. Späterhin zogen 12000 Mann vom Davoustschen Armeekorps hier durch und nur durch die Nähe der Kosaken, die ihnen auf dem Fuß folgten, wurden wir vor abermaliger Plünderung bewahrt.

Hierauf hatten wir drei Monate lang starke schwedische Einquartierung, weil die Franzosen hinter dem Bahlen im Lager standen und ungeheure Lieferungen obendrein. Ohne die Einquartierung auf der Pfarre und ohne die auf dem Hofe hatte die Dorfschaft 324 Lieutenants, 536 Unteroffiziere, 26890 Gemeine - mithin im Ganzen 27750 Mann und wenn die von der Pfarre und dem Hofe dazugerechnet werden, in Summa 45000 Mann im Quartier, dazu 5521 Pferde. Geliefert wurde von der Dorfschaft 178 Scheffel Hafer, 22 Fuder Heu à 11 Zentner = 232 Zentner, 11 Fuder Stroh. Ferner wurden 8 1/2 Fuder Hafer und 1 1/2 Fuder Gerste aufgefuttert von schwedischen Carabiniers. Die Dorfschaft mit inbegriff der Pfarre verlor 6 Fuder Holz als Lieferung ins hanseatische Lager, 4 Kessel, 2 Grapen, 2 Hammel, 2 Gänse, 10 Brote, viel Speck.

Anno 1814/15 war wenigstens hier in Demern ein starkes Misswachsjahr, besonders in Roggen, indem die Saat wegen des gelinden und nassen Winters fast ganz und gar umgepflügt werden musste und ich wenigstens von 62 Scheffel Roggen Aussaat nur 63 Scheffel wieder drosch.

Anno 1818 fiel ein Knecht in Schaddingsdorf beim Obstpflücken vom Baum und starb wenige Stunden darauf.

Anno 1820 kam der älteste Sohn des Zieglers Kähler auf eine unglückliche Weise ums Leben in einem Alter von 34 Jahren, indem er seinen mit Mehl beladenen Wagen von dem Thurower Windmühlenberg selbst hatte herunterziehen wollen, durch den Druck und den unaufhaltsamen Lauf des Wagens aber niedergestürzt war, so dass die Räder ihm über den Kopf gegangen, denselben zerschmettert hatten und er wenige Stunden darauf seinen Geist aufgab. Er durfte nicht eher von dort weggebracht werden, als bis in Mustin alle Gebühren entrichtet waren. (Die Grabplatte des Zieglersohnes und auch des Zieglers Kähler stehen heute an der Südwand der Demerner Kirche.)

Im selben Jahr wurde ein Tagelöhner in Klein Rünz beim Mergelfahren, stehend im Karren, so hart vom Pferd vor die Brust geschlagen, dass er nach wenigen Stunden starb.

Das Jahr 1821 war ein sehr reiches Kornjahr, indem kein einziges, auch das kleinste Gehöft nicht, ohne Diemen war, weil keiner den reichen Segen in seinen Zimmern hatte lassen können. Ein noch nie erlebter Fall !

Es brach aber durch Unvorsichtigkeit mit dem Feuer beim Bakken in des Schulzen zu Demern Backhause, wo noch eine Menge Flachs aufgestapelt war, Feuer aus. Zum Glück geschah dies abends vor 9 Uhr, gerade zu einer Zeit, wo die vom Gadebuscher Markt zurückkommenden Leute dies bemerkten und Lärm machten. Da ganz dicht dabei, nur wenige Schritte entfernt, ein Korndiemen stand, geriet dieser auch in Brand und so viele Menschen auch zur Rettung herbeikamen, so konnte man doch nicht zum Löschen kommen wegen der ungeheuren Hitze. Doch war endlich das Feuer im Diemen durch die Menge Wasser gedämpft und das nasse Korn aufs Feld gefahren. Das Backhaus stürzte in sich zusammen. Nur 12 - 16 Schritt vom Diemen stand eine Scheune, welche glücklich gerettet wurde, indem sonst unrettbar das ganze Gehöft und vielleicht der größte Teil des Dorfes ein Raub der Flammen geworden wäre. Die Vorsehung waltete gnädig über das Dorf und nahm es in Schutz, indem eine völlige Windstille war und der geringe Luftszug die Flammen und das brennende Stroh feldwärts trieb. Auf der Koppel hinter meinem Garten wurde am anderen Tag viel verbranntes Stroh gefunden."

Die nachfolgenden Aufzeichnungen Pastor Rudolphis bis zum Jahre 1827 handeln von der Verkopplung in Demern, Ernteergebnissen und dem persönlichen Schicksal des Pastors, wie wir es ja auch bereits in seinem Schreiben kurz vor seinem Tode angedeutet finden.

Ein Pastor schreibt Heimatgeschichte

Wenden wir uns nun der wichtigsten Gestalt im Demern des 19. Jahrhunderts zu. Südöstlich der Demerner Kirche steht ein schlichtes, graues Grabkreuz aus Sandstein. Aus der Inschrift erfährt man, dass an dieser Stelle der Archivrat Dr. Gottlieb Matthias Carl Masch, Pastor zu Demern in Frieden ruht.

Er war einer der verdientesten Altertumsforscher Mecklenburgs und als solcher ein allseits anerkannter Gelehrter. Der Großherzog von Mecklenburg-Strelitz ernannte ihn zum Archivrat und verlieh ihm den „Ritterorden der Wendischen Krone".

In der „Inleitung" der „Urgeschicht von Meckelnborg" setzte ihm Fritz Reuter ein literarisches Denkmal: „ ... nu heww ick äwer wat funnen, dor können Lisch un Lasch, un Misch un Masch kamen, sei recken mi mit dat, wat sei ut de Hünengräwer grawen hewwen, nicht bet an de Tehnen." Und erklärt diesen Satz in der Anmerkung:

„Lisch und Lasch, Misch un Masch, scherzhafte Anspielung auf die Namen der beiden mecklenburgischen Alterthumsforscher, Geh. Archivrath Lisch zu Schwerin und Archivrath Pastor Masch zu Demern im Fürstenthum Ratzeburg." An anderer Stelle der „Inleitung“ heißt es „ ... Nu hadd ick äwer in de letzte Tid Lischen und Maschen so dull studiert, dat mi de Kopp von Steinkisten un Kegelgräwer un unnerirdischen Wissenschaften, Pfahlbauten un Antiquitäten brummte, ...“ .

Als Reuter Ende der 1860er Jahre, auf seinem Weg mit der Postkutsche von Schwerin nach Lübeck, über Gadebusch und Rehna, in Schönberg übernachtete, war unter der zu seiner Begrüßung herbeigeeilten „fan-Gemeinde“ auch Pastor Masch. Die Sitte, sich von gefeierten Persönlichkeiten ein Autogramm zu erbitten, ein Buch signieren oder „in'n Pösie“ schreiben zu lassen gab es damals schon. Oder gibt es heute noch! Und so hat Masch bei dieser einzigen Begegnung mit Reuter eben auch um eine Eintragung in sein Stammbuch gebeten. Reuter schrieb:

Herrn Pastor Masch
Schriev ick ganz rasch
Dit klein Gedicht.
Mihr weit ick nich.

Fritz Reuter

Von seiner landesweiten Bedeutung zeugt auch ein Brief, Produkt einer Wette, der in New York mit der Adresse „to Mr. Archivrat Dr. Masch, Germany“, abgesendet wurde und seinen Adressaten richtig erreichte. Diese beiden Begebenheiten, an deren Wahrheitsgehalt nicht zu zweifeln ist, wurden von Prof. H. Bohn im Jahre 1923 dem „Heimatbund für das Fürstentum Ratzeburg“ mitgeteilt und in dessen „Mitteilungen“ veröffentlicht.

Masch wurde am 4. August 1794 in Schlagsdorf als Sohn des dortigen Pastors geboren. Er besuchte das Katharineum in Lübeck und studierte in Göttingen und Kiel Theologie. Im Jahre 1826 kam er als Lehrer an die Schönberger Bürgerschule und wurde 1830 deren Rektor. Am 1. Juli 1838 wurde er Pastor in Demern. Hier ist er am 28. Juli 1878 gestorben, nachdem er wenige Tage vorher während seiner Predigt einen Schlaganfall erlitt und von der Kanzel getragen werden musste.

Bei seinem Amtsantritt war er bereits ein bekannter Wissenschaftler, denn er hatte „Die Geschichte des Bistums Ratzeburg“ geschrieben, die 1835 erschien und sein wichtigstes Werk wurde. Schon 1834 war die Schrift „Das Jahr der Stiftung des Bistums Ratzeburg“ herausgekommen. Über die Wappen in Mecklenburg publizierte er 1837. Zahlreich sind seine Aufsätze in den Jahrbüchern des „Vereins für mecklenburgische Althertumskunde“. So schrieb er über die Domänen im Fürstentum Ratzeburg und die Volkstrachten, die hier getragen wurden. Eine umfangreiche Abhandlung schildert das bäuerliche Leben in Westmecklenburg.

Masch leitete auch Ausgrabungen und gibt davon fachmännisch Kunde. So wurde unter seiner Leitung das Kegelgrab in Petersberg ausgegraben. Einem modernen Archäologen sträuben sich allerdings die Haare, wenn er zwischen den Zeilen liest, wie nachlässig später mit den Funden verfahren wurde. Sie alle gelten bis heute als verschollen. Eine Sammlung steinzeitlicher Reibesteine, die im Hof des Pfarrhauses in Demern zuletzt in einer Art Steingarten Verwendung fanden, bis sie in den 1990er Jahren restlos alle gestohlen wurden, geht wahrscheinlich auf Masch zurück.

Er war Mitglied der „Königlichen Gesellschaft für nordische Alterthumskunde in Kopenhagen“, des „Vereins für mecklenburgische Alterthumskunde in Schwerin“, dessen Mitbegründer er war, und der „Schleswig-Holsteinisch Lauenburgischen Gesellschaft für vaterländische Geschichte in Kiel“ korrespondierendes Mitglied. Mit dem Schweriner Geheimen Archivrat Lisch war er befreundet und wechselte mit ihm mehr als 800 Briefe.

Die Sanduhr neben der Kanzel in der Demerner Kirche erinnert an den gewissenhaften Pastor, der seine Predigten streng bemessen haben soll. Ob zu Maschs Zeiten auch noch das Halseisen, das heute noch am Strebepfeiler an der nördlichen Außenseite der Kirche zu sehen ist, benutzt wurde, ist höchst unwahrscheinlich. Es war im 16. Jahrhundert wie an allen anderen Kirchen des Landes angebracht worden, um geringere

Kirchenstrafen zu vollziehen. Beispielsweise für das Verlassen der Predigt während des Gottesdienstes oder das laute Schwatzen während dieser. Obwohl, so können wir den Erinnerungen des Schulzen Hartmann in den „Mitteilungen des Heimatbundes für das Fürstentum Ratzeburg“ 1931 entnehmen, Masch seine Sonntagspredigten aus den vorgegebenen Predigtbüchern verlas und ein Verlassen der dadurch vielleicht etwas langweiligeren Gottesdienste im Bereich des Möglichen gelegen haben mag. Aber auch das ist unwahrscheinlich, denn die Gemeinde hatte große Achtung vor ihrem Pastor und wird sich diszipliniert verhalten haben.

Masch besaß eine umfangreiche Sammlung von Münzen und Siegeln, die er dem Archiv in Neustrelitz übereignet hat, wo sie mit anderen wertvollen Materialien 1945 verloren gegangen sind. Seine wertvolle Bibliothek wurde auf seinen ausdrücklichen Wunsch mit ihm begraben. Schade!

Sein Grab wird von den Demernern liebevoll gepflegt. Auch das Grabkreuz ist nach sorgsamer Reinigung, einer notwendig gewordenen Reparatur und Konservierung erhalten und wird an diesen für die mecklenburgische Geschichtsforschung wichtigen Gelehrten erinnern.

Abschied von Schönberg

Wöchentliche Anzeigen für das Fürstenthum Ratzeburg Nr. 26, Schönberg, den 29. Juni 1838. Vermischte Anzeigen:

Allen meinen geehrten, theuren Mitbürgern, welche mir in den 12 Jahren meiner Amtsführung ein so ehrenvolles, mich hoch erfreuendes Vertrauen schenkten und mir in all der Freude, die mir ward und bei all dem Weh, das mich drückte, so viele Beweise der Theilnahme und Liebe schenkten, sage ich meinen herzlichen Dank auf diesem Wege, da es mir bei dem neuen Schmerz, der mich traf, nicht möglich ist, Ihnen persönlich mein Lebewohl sagen zu können. Ich bitte Sie herzlichst mich nicht vergessen zu wollen, ich werde Schönberg nie vergessen. Schönberg, den 27. Juni 1838. G. M. C. Masch

„Ein Abschied, als ginge es bis nach Australien." Das schrieb mir Frau Frimodig, die Leiterin des Volkskundemuseums zu Schönberg, welche diese Notiz für mich fand. Und dabei ging es doch „nur" in das etwa 15 km entfernte Demern, wo Masch 1838 die Pastorenstelle antrat.

Seit 1826 hatte er an der Bürgerschule in Schönberg gewirkt, ab 1820 als deren Rektor. Er gehörte zu den Honoratioren, hatte die Annehmlichkeiten des Lebens in der Kleinstadt erlebt, aber auch zuletzt den schweren Schmerz erfahren, als ihm seine noch junge Frau starb. Ihr gusseisernes Grabkreuz ragt heute noch über die Mauer des alten Friedhofes an der Ratzeburger Chaussee in Schönberg. Freuden und Leiden verbinden einen Menschen mit den Orten, in denen er sie erlebt hat.

Aber Masch blieb ja im Fürstentum Ratzeburg, wenn er sich auch zunächst einmal mit den neuen Verhältnissen, sowohl denen seines neuen Amtes, als auch den ökonomischen auseinandersetzen musste. Die wirtschaftlichen Gegebenheiten waren durch das Wirken seines Vorgängers, Pastor Rudolphi, geordnet worden, wenn dieser auch keinen Vorteil mehr davon hatte, wie zu berichten war. Und mit den geistlichen umzugehen, schien dem neuen Pastor keine wesentlichen Mühen gemacht zu haben.

Schon im dritten Jahr seines Wirkens in Demern betreibt er die Anschaffung einer Orgel für seine Kirche. Der ersten Orgel in Demern, seit die Kirche zu Anfang des 13. Jahrhundert erbaut wurde. Bis dahin ertönte der Gesang ohne jegliche Begleitung, a capella, nur geführt durch das Singen des Küsters und des Pastors, damit man nicht allzusehr aus dem Takt kam.

Ob das immer so gut klappte mit dem Ton und Takt?

Höhere Weihe in Rechenkunst

Man schrieb den 16. November 1841. Archivrat Dr. G. M. C. Masch legte vor der Gemeinde Rechenschaft ab über den Abschluss seines ersten bedeutenden Vorhabens:

„In Gottes Namen und zu seiner Ehre haben wir die Orgel für unsere Kirche anzuschaffen beschlossen. Gottes Segen ist sichtbar mit unserem Vorhaben gewesen. Alles ist gut und schön und lieblich und friedlich gelungen! ... Wenn auch unsere Gemeinde an Zahl die kleinste ist im Lande, so ist sie doch groß in kirchlichem christlichen Sinn, der in ihr lebt. Das habt Ihr, meine theuren Freunde, wie immer so auch dadurch bewiesen, daß Ihr Eure Lust habt am Hause des Herrn, das geziert und geschmückt da steht.

Wer von nah und fern herkommt, läßt sich unsere Kirche zeigen und freuet sich derselben und rühmend wird überall von Euch gesprochen. ... Ich lege Euch nun die Berechnung über diesen Orgelbau vor; das meiste Geld ist durch freiwillige Gaben zusammen gebracht, daß ich die Gaben nicht nenne habe ich versprochen, denn das ist des Herrn Gebot, daß die Linke nicht wisse, was die Rechte thut. Den Rest, den wir zusammen zu bringen haben, habe ich nach dem vorher besprochenen Verhältnis vertheilt und die Juraten gebeten, ihn in Empfang zu nehmen.

Gottes Segen sey mit allen, die ihr Scherflein zu diesem Bau beigetragen haben. Amen. Demern, d. 16. November 1841. GMC. Masch“

Es war ein zähes Ringen, das Masch hinter sich hatte. Der Gedanke, eine Orgel für die Kirche zu Demern anzuschaffen, wird ihm wohl bei seinem Amtsantritt 1838 gekommen sein und er wird nach einem geeigneten Instrument Ausschau gehalten haben. Seiner Obrigkeit in Ratzeburg, der Konsistorial-Kommission, wird er damit gewiss auch „in den Ohren gelegen haben". Er findet durch Vermittlung seiner Amtsbrüder im Fürstentum und darüber hinaus, er ist ja seit der Veröffentlichung der „Geschichte des Bistums Ratzeburg" kein Unbekannter mehr, - er findet ein geeignetes Orgelwerk in der „Großen Stadtschule zu Wismar", dem Gymnasium. Sie wird Masch zum Kauf angeboten.

Er bittet seinen Amtsbruder Burmester, Pastor zu Grönau, mit ihm zusammen „das Instrument in Augenschein zu nehmen" und ihm „ein Urtheil über die Beschaffenheit desselben abzugeben". Burmester findet die Orgel für brauchbar, er hat die einzelnen Stimmen untersucht und geprüft und ist überzeugt, dass das „Orgelwerk hinlänglich Kraft (besitzt), den Gesang einer christlichen Gemeinde in einer Kirche wie zu Demern, zu leiten ... und wird es nur bei sehr großen Versammlungen aller Register bedürfen, während in den meisten Fällen schon der Gebrauch zweier oder dreier Register ausreichen wird."

Das Orgelwerk habe allerdings kein Gehäuse und einzelne Pfeifen müssten von „Kunstverständigen" nachgesehen werden. Auch die Klaviatur bedarf geringer Reparaturen. Der Preis von 80 bis 90 Talern sei angemessen. Es wäre gut, sie dafür zu erstehen, denn es seien bereits 80 Taler dafür geboten. Der Konkurrent ist, wie aus einem Schreiben von Masch geschlosssen werden kann, die Gemeinde Beidendorf.

Burmester, Pastor zu Grönau, schreibt seine Einschätzung in Demern am 12. Februar 1841 in 6 Punkten nieder.

Maschs Initiative findet durchaus nicht den Beifall der Konsistorial-Kommission für des Fürstentum Ratzeburg und vor allem nicht den seines Vorsitzenden Genzken. Man fürchtet die Kosten. Nicht so sehr die der Anschaffung, sondern evt. fällige Unterhaltungskosten in ferner Zukunft.

Es gibt also zunächst eine strikte Ablehnung des Vorhabens. Der rührige und energische Masch aber hat bereits das Geld für die Anschaffung des Instruments aufgebracht. Durch freiwillige Spenden kommen 75 Taler zusammen. Der noch fehlende Rest wird, mit dem Einverständnis der Gemeinde, über eine Umlage aufgebracht. Die Kirchenjuraten haben errechnet, dass ein Vollbauer 3 Taler, 5 Schillinge und 3 Pfennige zu zahlen hätten. - Die Bauern aber geben mehr!

Da also das Geld da ist, „buhlt“ Masch um die Einwilligung der Konsistorial-Kommission, speziell um Genzken. Ganz vorsichtig und in wohlgesetzten Worten versteckt er sogar einen sanfte Drohung in einem Brief, der wohl vor dem 3. Mai 1841 entstanden ist, denn der Entwurf trägt kein Datum:

„... Geld ist bereits geschenkt worden, in der Kirche ist nach altem Brauch gesammelt worden - nun ist die Ausführung, nachdem alle Schwierigkeiten besiegt waren, zweifelhafter wie je, denn wenn die Consistorial-Commission die anliegende Bitte, und nie ist mir ein Blatt schwerer zu schreiben geworden als dies, nicht gewährt, so muß ich allerdings mich an die Landesregierung wenden, ... und wie sehr es mich schmerzen muß, gegen eine Verfügung der Behörde, der ich lebenslang zu wärmsten Dank verpflichtet bin, deren Mitglieder ich so lieb habe, wie wenig andere Menschen mehr, einzukommen, das brauche ich wohl nicht zu sagen. Aber ich hoffe das Beste, ich verdenke es Ihnen keinen Augenblick, daß Sie das materielle Interesse vorzugsweise in Berücksichtigung zogen, aber ich kenne Sie viel zu gut, als daß ich fürchten könnte, Sie würden um der Möglichkeit einer künftigen Aufgabe willen ein wahrlich gutes Werk, das von bleibendem Einfluß auf die Cultur der Kirche ist, unausführbar machen wollen. ...“

Ob dieser Entwurf dann als Brief an die Konsistorial-Kommission geschickt wurde, ist nicht sicher nachzuweisen. Am 3. Mai schreibt Masch jedenfalls ausführlich an die Großherzogliche Konsistorial-Kommission und schildert seine „Conferenz mit den Hausvätern“, zu der alle Grundeigentümer gekommen waren. Sie hätten den Vorschlägen zur Aufbringung des Geldes zugestimmt, sich aber ausbedungen, „daß ihnen durch diese Orgel keine vermehrten Spanndienste erwüchsen, und daß ihnen keine speziellen Verpflichtungen zur Erhaltung der Orgel auferlegt würden.“

Das Eis ist gebrochen. Schon am 6. Mai lenkt Ratzeburg ein. Aber immer noch sehr zögernd und mit vielen Vorbehalten: „ ... , daß die Anlage einer Orgel in der Kirche zur Förderung der Reinheit des Gesanges zwar an sich nicht gemissbilligt werden kann und das vereinte Streben des Pastors und der Gemeine, allerdings volle Anerkennung findet, jedoch diesem Unternehmen die, bei allerlei sonstigen Vorgängen offenbarte Mittellosigkeit dieser Kirche und der gänzliche Mangel an Zuschüssen zu Erlangung eines angemessenen Kirchenvermögens nicht aus den Augen verloren werden. ...“

Die Konsistorial-Kommission verlangt auch eine schriftliche Erklärung der Gemeindemitglieder, dass sie den Aufwand zur Erhaltung der Orgel selbst bestreiten würden und „die Kirchenkasse damit niemals belästigt werden soll.“

Da man bei der Anstellung des Küsters (Bohn, 1840) nicht darauf gesehen hätte, ob er eine Orgel spielen könne, wird dem Pastor eine sorgsame Prüfung empfohlen, ob der Küster „nicht nur geeigenschaftet, sondern auch sonst nicht behindert sei, während des Gesanges in der Kirche die Orgel zu spielen.“ Die Aufstellung der Orgel hinter und über dem Altar wird gestattet, vorbehaltlich der Anordnung der für Bauten zuständigen Behörde.

Am 14. Mai schreibt Masch an seine Vorgesetzten, dass sie nicht auf einer Erklärung durch die Gemeindemitglieder bestehen sollen, weil sonst das soweit gediehene Vorhaben scheitern würde. Er versichert, dass für eine Reihe von Jahren keine Kosten zum Erhalt der Orgel entstehen würden und geringe Reparaturen mit dem Geld aus dem Klingelbeutel bestritten werden könnten. Er fügt zum Schluss seines Briefes an, dass der Küster eine Orgel ohne Pedal spielen könne.

Im darauf folgenden Schreiben aus Ratzeburg ist dann auch keine Rede mehr von unbequemen Bedingungen. Im Gegenteil: „Die ganze desfalsige Anordnung bekundet indeß zu sehr den längst bekannten Eifer und die mit dem glücklichsten Erfolg belohnte Umsicht des Herrn Pastor Masch in der Erfüllung seines Berufes, als dass nicht die Ausführung demselben lediglich überlaßen bleiben müßte. Da nun auch nach der heute zu Akten gekommenen Darstellung solche sich als völlig zulässig ergeben hat; so wird dem Herrn Pastor Masch empfohlen, die von der Gemeine anzukaufende Orgel, nach deren Entgegennahme mit möglichster Schonung des Kirchen-Vermögens, an einer paßlichen Stelle in der Kirche anzubringen und ihrem Zwecke gemäß gehörig benutzen zu laßen; übrigens aber ist die volle Anerkennung der großen Verdienste um Seine Kirche und Gemeine, dem Pastor Masch auch diesmal nicht zu verhalten gewesen. Ratzeburg und Schönberg den 18. Mai 1841, Consistorial-Commißion des Fürstenthums Ratzeburg. Genzken."

Masch wendet sich am 4. Juni an die „Großherzoglich Mecklenburgische Baubehörde für geistliche Bauten im Fürstenthum Ratzeburg" mit der Bitte um die Baugenehmigung. Er will die Orgel hinter dem Altar anbringen, wobei die ursprüngliche Altartafel die Brüstung des Orgelchores bilden soll, „nachdem ein späterer, sowohl im Gesthus als auch in der Ausführung erbärmlicher Aufsatz entfernt ist." Das Gehäuse möchte er einfach „im gothischen Styl, dem Altar angemessen ausführen lassen." Eine Zeichnung kann er zu diesem Zeitpunkt noch nicht vorlegen. Sie findet sich aber bei den alten Unterlagen und ist von ihm selbst angefertigt, was ein kleines C.M. am unteren rechten Rand des Blattes beweist. Schon am folgenden Tag wird ihm die „Einrichtung, welche die Anbringung der Orgel erfordert, ganz überlassen."

Am 26. Juni 1841 erfolgt die Bezahlung des Instruments an den Prorektor der Stadtschule zu Wismar, Dr. Crain. Im Betrag von 90 Rtl. sind 40 in Gold enthalten. Der Empfang der Orgel wird bestätigt.

Am 16. November 1841, die Orgel ist eingebaut, legt Pastor Masch vor seiner Gemeinde dar: „Kosten der Orgel in unserer Kirche: Nr. 1 Die Orgel kostet 90 Rtl., Nr. 2 Der Orgelbauer Winzer erhält für das Aufstellen 12 Rtl., Nr. 3 Tischlermeister Burmeister für Holz und Arbeitslohn 15 Rtl. 9 Sch, Nr. 4 Klempnermeister Hülsemann für Blecharbeit 5 Rtl., Nr. 5 Maler

Schultze für Malerarbeiten 7 Rtl., Nr. 6 Kaufmann Schmöker für Zeug zum Vorhang 1 Rtl. 8 Sch. - Summa 130 Rtl. 17 Sch. Die Rechnung liegt bei mir für jeden zur Einsicht bereit.

Das Holz zum Gerüste hat Herr Porath und die Zimmerarbeit daran hat Meister Westphal der Gemeinde geschenkt. Die Kosten der Anfuhr und die Bewirthung der Arbeiter habe ich getragen und begehre keinen Ersatz."

Diese Abrechnung ist schriftlich erhalten, zusammen mit einer „Nachweisung der zur Orgel in hiesiger Kirche erhaltenen freiwilligen Gaben." Über diesem Blatt steht geschrieben „Matth. cap. 6, v. 3. 4." Und diese Stelle aus dem Neuen Testament lautet: „3. Wenn du aber Almosen gibst, so laß deine linke Hand nicht wissen, was die rechte tut, 4. Auf daß dein Almosen verborgen sei, und dein Vater, der in das Verborgene sieht, wird es dir vergelten öffentlich."

Unter die „Nachweisung" schreibt Masch: „Es ist versprochen, die freiwilligen Gaben nicht im einzelnen namhaft zu machen, daher bitte ich dies Blatt, das ich theils um die Namen der Geber für meinen Nachfolger zu erhalten, theils zu meiner eigenen Rechtfertigung beilegte, nicht weiter verbreiten zu wollen. Demern, d. 16. November 1841. GMC Masch, Pastor"

Und so wollen wir es denn in seinem Sinne auch halten.

Die Farben der Deutschen

In den „Wöchentlichen Anzeigen für das Fürstenthum Ratzeburg" vom 7. April 1848 äußerte sich Pastor Masch auf seine Weise zu den revolutionären Ereignissen in Deutschland. Weniger zu den Absichten und Errungenschaften der Revolution, als vielmehr zu einem sicher nicht unbedeutenden Detail, das damit in Zusammenhang stand. Am 9. März 1848 hatte die Nationalversammlung die Farben Schwarz, Rot und Gold zu Farben des deutschen Bundes erklärt. Masch, als in der Heraldik bewanderter Sammler von Wappen und Siegeln, nahm das zum Anlaß, eine Betrachtung über die Herkunft dieser Farben und ihre Bedeutung gerade für die Deutschen niederzuschreiben.

Er bezog sich dabei auf eine Untersuchung in einem Buche von 1694 mit dem Titel „Wechselschriften vom Reichsbanner". Darin geht es um einen Streit zwischen „Chur-Braunschweig" und Württemberg um das Reichsbanneramt. Das Ergebnis dieses Streites war, nach Masch, dass man das Reichsbanner von der „Sturmfahne des Reiches" zu unterscheiden habe. Ersteres hatte in goldenem Felde den schwarzen Adler. Mit der Sturmfahne sei Graf Ulrich von Württemberg vom Kaiser Ludwig von Bayern im Jahre 1336 belehnt worden. Diese stimme mit dem Reichsbanner überein, sei jedoch durch einen roten Wimpel ergänzt worden, welcher über dem Banner schwebt: „ein rother, langer und schmaler Schweif oder Schwenkel, so sich spitzig endigt", zitiert Masch. Und er schreibt:

„So sind also die Farben gegeben; hinsichtlich der Folge derselben muß in Anwendung der bekannten heraldischen Regel, daß alle Bilder sich der Fahnenstange zuwenden sollen, die schwarze Farbe, welche von dem Bilde (dem Adler) herkommt, der Stange die nächste sein; darauf kommt die Farbe des Feldes, das Gold, und die Farbe des Wimpels, roth, ist die äußere. Sollen die Streifen nicht längs, sondern quer verlaufen, so muß schwarz der untere, Gold der mittlere und roth die obere sein."

Bezogen auf die Kokarden, erklärt Masch, gehöre die Figur (Adler), also die schwarze Farbe in die Mitte, da sich die Kokarde vom Schild der früheren Zeiten ableite, wo die Mitte die Ehrenstelle gewesen sei. Gelb oder Gold umgebe als Feld die Mitte und der äußere Rand sei dann rot. Nach Masch stünde dann die Farbfolge der „deutschen Nationalcocarde" im Widerspruch zum „geschichtlichen Grunde", weil „statt der schwarzen Farbe der Doppeladler selbst genommen und auf ein rothes Feld gestellt wurde, was doch offenbar gegen den alten deutschen Brauch ist.“

Ob wir bei nächster Gelegenheit die Farbfolge auf der Fahne der Bundesrepublik neu überdenken sollten? Schwarz, Gold, Rot - wo sich doch alles um das Gold dreht!

Eine neue Scheune

Sie ist heute ein reizvoller Wanderweg, die Wirtschaftsstraße zwischen Demern und Breesen. Nicht nur für Radfahrer, die den Asphalt schätzen und nicht auf eine attraktive Baum- und Strauchbegleitung verzichten wollen. Auch Pkw-Fahrer nutzen die Straße, die den Weg nach Gadebusch über Breesen und Roggendorf doch erheblich abkürzt, obwohl mehrere eingebaute Kopfsteinpflaster „schikanen“ das Tempo in Grenzen halten.

Pastor Masch mag die Eichen, die den Breesener Weg begleiten, noch als junge Bäume gekannt haben, wenn er einen Spaziergang in Richtung Küsteracker machte. Aber zu Anfang seines Weges wird ihn wohl die Sorge um den Zustand der Pfarrscheune bewegt haben, die zu seinem Amtsgehöft gehörte und in welcher er einen nicht geringen Teil seiner Einkünfte an Naturalien barg. Sie war schon recht baufällig und ein Neubau wurde dringend nötig.

Im April des Jahres 1863 war also der Bau einer neuen Scheune begonnen worden. Sie würde größer werden als ihre Vorgängerin, was vom gestiegenen Ernteertrag sprach und somit auch Rückschlüsse auf den Wohlstand des Pfarrers zulässt. Die Anordnung zum Bau kam auf Ersuchen Maschs vom Großherzog in Neustrelitz und das Großherzogliche Amt in Schönberg beaufsichtigte die Ausführung.

Dass die Scheune größer werden würde, scheint betreffs des

Mehrbedarfs an Ziegeln und Bauholz weniger problematisch gewesen zu sein. Die Materialien wurden von den 10 dienstpflichtigen Demerner, Schaddingsdorfer und beider Rünzer Hauswirte wahrscheinlich vom Maurinehafen in Schönberg willig herbeigefahren. Auch lieferten sie pflichtgemäß das zur Dachbedeckung benötigte Stroh. Das alles kostenlos, versteht sich.

Nun war es aber so, dass das neue Dach nicht mehr, wie bei der alten Scheune, rund 35 Quadratruten groß war, sondern 45. Das jetzt mehr zu liefernde Stroh aber war den Bauern zu viel und sie wurden bei ihrem Pastor mit der Bitte vorstellig, beim Großherzog um die Kostenerstattung für die fehlenden 10 Quadratruten nachzusuchen.

Das sah Pastor Masch ein und er schrieb in einem Brief vom 9. April 1863: „... Zu den Verpflichtungen der Gemeinde, welche als solche auch von ihr anerkannt wird, gehört die Lieferung des Strohes, der Dachschächte und der Bandweiden zu dem Dache auf dem neuen Gebäude. Da ist sie denn zu mir gekommen mit dem Anliegen, ich wolle Ew. königlichen Hoheit ihre allerunterthänigste Bitte vortragen, dass ..." und schildert den genannten Sachverhalt, wobei er der Hoffnung Ausdruck gibt, dass königliche Hoheit der Bitte um Kostenübernahme für das Dachstroh entspricht.

Mit dem Datum vom 25. Mai 1863 übersendet Graf Eyben aus dem Großherzoglich Mecklenburgischen Domänen-Amt in Schönberg eine Abschrift des Schreibens der Großhzl. Mecklenb. Landes-Regierung in Neustrelitz vom 9. Mai 1863. Darin wird allerdings „die Übernahme oder Erlassung eines Theiles der Leistungen der dortigen Gemeindedienstpflichtigen zum Dach der daselbst neu zu erbauenden Pfarrscheune ..." abgelehnt, „ ... doch haben Allerhöchst dieselben zu den Kosten für die Fläche, um welche das Scheunendach beim Neubau der Pfarrscheune in Demern vergrößert worden, für diesmal und CITRA CONSEQUENTIAM ein Geschenk in Höhe von 50 - fünfzig - Thalern Cour. aus Gnaden zu bewilligen geruht, ...".

Man bedenke, dass das Dach mit dem billigen Stroh und nicht mit dem teureren Schilfrohr gedeckt wurde. Stroh war damals wesentlich länger als heute und wurde im Hinblick auf seine Verwendung als Dachstroh, besonders schonend mit dem Flegel gedroschen. Die Bauern hatten es auf jeden Fall übrig. Und so werden die 50 Taler, die dem Pastor Masch ausgezahlt worden sind, ganz gewiss auch eine Rolle bei dem Fest zu Ehren der Vollendung des Baus gespielt haben.

Und noch zu einem anderen Zweck!

Betrachtet man die Scheune, die parallel zum Breesener Weg steht, von der Hofseite, so fällt am Giebel eine helle Tafel mit einer Inschrift auf. Um ein Kreuz gruppiert steht dort:

GOTT SCHUETZE DIESES HAUS - FRIEDRICH WILHELM GRHZ. MECKLENB. - ERBAUTE DIESE SCHEUNE - 1863.

Es spricht für die Toleranz von Pastor Masch, dass er über dieser Tafel aus kunstvollem Ziegelmauerwerk den „heidnischen" Donnerbesen, der das Gebäude vor Blitzschlag schützen sollte, gestalten ließ. Denn sicher ist sicher!

Wider den Teufel Alkohol

Als es die DDR noch gab, wurde eine Statistik viel beschmunzelt. Ich weiß nun nicht genau, ob sie offiziell war oder nur ein Beispiel für die „Liebesfeindschaft" zwischen den Sachsen und den „Fischköpfen", wie wir Nordlichter allgemein genannt wurden. Es ging um den Alkoholverbrauch in der 16-Millionen-Republik. Und danach lagen die drei Nordbezirke an der Spitze im Pro-Kopf-Verbrauch scharfer Getränke. Unter diesen war es der Bezirk Schwerin, in welchem am meisten getrunken wurde. Als führender Kreis wurde der Kreis Gadebusch benannt und da stand es dann fest, dass in den Dörfern um Carlow und Demern die „Blaue Welle" (das war der meistkonsumierte, weil billigste „Klare“) am höchsten schwappte. Wir waren uns dieser Ehre bewusst und tranken darauf noch einen. Bis heute ist der Ruhm der Mecklenburger, gerne und heftig „einen auf die Lampe zu gießen“ nicht verblasst, denn ein Hamburger, der selbst noch nicht in M-V gewesen war, äußerte sich mir gegenüber derart, und es sei dies eine weit verbreitete Ansicht in den Altbundesländern, meinte er. War dann aber doch ehrlich genug zu bemerken, dass auch die Hamburger in dieser Hinsicht wohl mithalten könnten.

Probleme mit dem Alkohol hat es in Mecklenburg schon immer gegeben. Als Pastor in Demern wurde Archivrat Dr. Masch mit Datum vom 27. Dezember 1845 um Auskunft zum Alkoholkonsum seiner Gemeinde gebeten: „ Eure Hochehrwürden würden mich verbinden, wenn Sie die Güte haben wollten, Sich darüber auszusprechen: 1. wie es in Ihrer Gemeinde mit dem Branntweintrinken stehe, ob der Genuß desselben bedeutend sei, und ob derselbe in neuerer Zeit zugenommen habe? 2. welche nachteiligen Folgen aus dem übermäßigen Genusse des Branntweins resultieren, und 3. wie dem Übel etwa abzuhelfen sei? Schönberg, den 27. Dezember 1845. Zum Großherzoglichen Domainen-Amte Allerhöchst Verordneter“

Der Entwurf des Antwortschreibens von Masch ist erhalten: „Hochwohlgeboren Hochgeehrter Herr Landdrost - Eure Hochwohlgeboren beehren mich auf das unter 27. Dez. a.p. erlaßne Anschreiben zu erwidern, daß ich in meiner Gemeinde hinsichtlich des Branntweintrinkens in Grenzen keine Vorwürfe zu machen habe. Es ist nur ein Individuum, (ein Altenteiler) das man als Säufer bezeichnen kann, ein zweiter trinkt freilich oft mehr, als ihm zuträglich, jedoch kommen auch Wochen wo er durchweg nüchtern ist; daß hin und wieder der eine oder andere betrunken gewesen, weiß ich wohl, jedoch würde es unbillig sein, diese sogleich zu den Säufern zu rechnen, und solche, die sich durch Gesöff zu Grunde gerichtet, habe ich nicht in der Gemeinde. Daß der Genuß des Branntweins in unserer Zeit zugenommen habe obschon von den Arbeitern wohl täglich ein Schnaps genossen wird, beweisen keine mir ins Auge fallenden Erscheinungen und selbst, wenn Tanz erlaubt gewesen, hörte ich wohl von Angetrunkenen, jedoch nie von betrunkenen Personen. ...“

Masch kann also nicht über „nachtheilige Folgen aus dem übermäßigen Genusse des Branntweins“ berichten und sieht die „Notwendigkeit eines Mäßigkeitsvereins“ als nicht bewiesen an und fährt fort: „Daß meine Gemeinde in der fraglichen Hinsicht besser als vielleicht manche andere, hat meiner Ansicht nach ihren Grund darin, daß die beiden Krüger in der Gemeinde die Krügerei als eine Nebensache betreiben und den Gewinn, der ihnen durch vergrößerten Branntweingenuß etwa werden könnte, geringer anschlagen als die Unverträglichkeiten, die daraus entstehen würden. Der Krüger in Rünz ist bekanntlich ein sehr ehrenwerter Bauer, der hiesige ein alter braver Mann, beide haben sehr ordentliche Frauen, es liegt in der Persönlichkeit dieser Leute, daß sich nie sitzende Gäste bei ihnen aufhalten, daß sich Knechte und Tagelöhner nicht zum Kruge hingezogen fühlen und daß also die Verreitzung zum Trunke wegfällt. Die Beantwortung der dritten Fage liegt in den angegebenen eingeschlossen. ... Der Ermahnung und Ermunterung zur Mäßigkeit wird es die Kirche nie fehlen lassen, denn Nüchternheit ist Gottes Gebot, ... und sind die äußeren Verhältnisse der Art, daß dem bösen Reitze zu Anfang gewehrt, so gewinnt er nie eine verderbliche Gewalt; die alten Säufer würden freilich schwerlich dadurch geheilt werden, aber der Nachschub bliebe aus und alles Gute erwacht und reift langsam, aber es wächst und reift gewiß. Das Fortschreiten zum Beßeren ist mein fester freudiger Glaube! Mit Bekenntnis größter Verehrung empfehle ich mich der ferneren Gewogenheit als Euer Hochwohlgeboren, C.M., Demern 7. Januar 1846".

So einfach war das damals.

Blattern im Fürstentum Ratzeburg

Ich glaube, es war Reichskanzler Bismarck, der gesagt haben soll: „Wenn die Welt untergeht, gehe ich nach Mecklenburg, dort geht sie hundert Jahre später unter!“ Es ist wohl längst an der Zeit, endlich nachzuprüfen, ob denn dieses oft gebrauchte Zitat seine Berechtigung hat. War unser schönes Land soweit hinter der Zeit zurückgeblieben, dass sich ein Großer einen solchen Ausspruch erlauben konnte?

Im Schriftverkehr von Pastor Masch findet sich ein Brief vom 9. Juni 1852, den die Großherzoglich Mecklenburgische Landvogtei des Fürstentums Ratzeburg ihm schrieb. Darin wird Masch aufgefordert, die Listen der Geburten vom April 1851 bis März 1852 „binnen 8 Tagen, a dato, und zwar bei 5 Schilling Strafe“ einzureichen. Die Landvogtei beruft sich dabei, und darum geht es, auf die „unter dem 23. April d. J. erneuerte Verordnung vom 28. Juli 1846 betreffend die Impfung der Schutzblattern“.

Masch sendet mit Datum vom 13. Juni das Verlangte, bittet „wegen der versäumten Einsendung um Entschuldigung, kann aber die Bemerkung nicht zurückhalten, daß die allerhöchste Verordnung vom 28. Juni 1846 mir nicht die sofortige Strafandrohung zu rechtfertigen erscheint, welche überhaupt gegen hiesige Prediger bisher nicht gebräuchlich war“.

Schon am 17. Juni 1852 erfährt er mit einem, im gleichen strengen Ton gehaltenen Schreiben, dass auch fast alle anderen Pastoren des Fürstentums säumig waren, „ ... und blieb der Großherzoglichen Landvogtei nichts weiter, als Mandate, unter Androhung einer Strafe ergehen zu lassen. Glaubt sich Herr Pastor Masch durch das an ihn ergangene Mandat beschwert, so steht ihm der Recurs an die Hohe Großherzogliche Landesregierung frei“. So, da hatte er’s.

Nun aber der Hintergrund der Episode. Mit Datum vom 21. April 1824 erlässt Großherzog Georg eine Verordnung wegen der Vaccination im Fürstenthum Ratzeburg: Auf Veranlassung des Landarztes Edward Jenner (1749 - 1823) wurde in England die Schutzimpfung gegen die Pocken, die Menschenblattern, eingeführt. Diese waren, neben der Pest, eine der gefährlichsten Seuchen in Europa. Jenner hatte entdeckt, dass Menschen, die sich mit den harmlosen Kuhpocken (Milchblattern) infiziert hatten, eine lebenslange Immunität gegenüber Pocken erwarben. Darauf basierte die „aktive Immunisierung“, eine Methode, die später auch bei einigen anderen Krankheiten erfolgreich angewandt wurde.

Seit auch in Deutschland im Jahre 1874 die Impfung mit Kuhpocken zur Pflicht wurde, stellten die Blattern keine Gefahr mehr dar. Großherzog Georg erließ aber schon 1824, also 50 Jahre früher (!), eine gesetzliche Verordnung, nachdem „... in neuester Zeit in der Nachbarschaft unseres Fürstenthums Ratzeburg sich an mehreren Orten die natürlichen Menschenblattern in einer beunruhigenden Gestalt wiederum gezeigt ...“ hatten. Sie legt fest, dass Kinder und Erwachsene im Fürstentum Ratzeburg „vacciniert“ werden müssen. Und zwar durch dafür bestimmte und „recipierte“ Ärzte. Auch in benachbarten Staaten „concessionierten“ stand es frei, zu impfen, wenn sie zuvor um die Befugnis zur Impfung bei der Landvogtei des Fürstentums Ratzeburg nachgesucht hatten und sich zur Beachtung der dort geltenden Gesetze verpflichteten. Die Ärzte hatten die Geimpften zu registrieren und die Listen am Jahresende an die Landvogtei zu übergeben, selbst aber ein Verzeichnis zum späteren Nachweis zu führen. Den Behörden wurde dringend nahegelegt, „die Register mit Sorgfalt zu bewahren, damit im Falle der Noth, ... wenn die natürlichen Blattern irgendwo sich zeigen sollten, oder überhaupt, wenn ein Impfschein abhanden gekommen, die bei einigen Personen etwa entstehenden Zweifel über die Gewißheit der, mit Erfolg bei ihm geschehenen Vaccination durch den Inhalt des Registers beseitigt werden können“.

Interessant ist besonders der § 3 der Verordnung: „Es soll hinführo kein Kind, männlichen, oder weiblichen Geschlechts, zur Confirmation gelassen werden, wofern nicht dasselbe dem Ehren Prediger, welcher die Einsegnung verrichtet, ein, von einem, in unserem Fürstenthum Ratzeburg recipirten, oder einem auswärtigen, zur Vaccination, ..., besonders authorisierten Arzte eigenhändig unterschriebenes, und besiegeltes unverdächtiges Attestat producirt: 'daß es wirklich, und mit Erfolg vaccinirt sey.'" Und im § 7 werden „Gesammte Ehren Prediger Unseres Fürstenthum Ratzeburg hiermit verpflichtet, jährlich zwischen Ostern und Pfingsten, vom Jahre 1825 an, zu unserer Landvogtei ein Verzeichnis der von ihnen Confirmierten, mit der Bemerkung, von welchem Impf-Arzt dieselben Zeugnisse ihrer Vaccination produziert haben, berichtlich einzusenden". Zum Schluss der Verordnung werden die „Ehren Prediger zur genauesten Befolgung derselben ausdrücklich angewiesen, und dafür verantwortlich gemacht ...".

Pastor Rudolphi erhielt 1825 bereits ein Schreiben mit den Namen der im Fürstentum zur Impfung berechtigten Ärzte. Es waren dies 1. Medizinalrat Dr. Münch, Ratzeburg, 2. Dr. Wächter daselbst, 3. Dr. Hörcher, Schönberg, 4. Chirurgus Bauer, daselbst, 5. Dr. Siedenburg, Rehna, 6. Dr. Reinholdt, daselbst.. Nachgetragen sind Dr. Rudolphi, Ratzeburg, der Sohn des Pastors Rudolphi, und Dr. Böttcher jun., Rehna.

Welch ein fortschrittlicher Landesvater, der, frühzeitig beraten von weitsichtigen Ministern, eine solche Aktion für das Fürstentum in Gang setzte!

Jetzt finden sich, nun sorgfältig von Masch gesammelt, in den Konfirmationsunterlagen die Impfscheine. Der älteste ist von 1832 und noch mit der Hand geschrieben: „Der Sohn des Arbeitsmannes Holst zu Kl. Rünz, Johann Jacob August, ist von mir mit Erfolg vaccinirt. Rehna 10 t März 1832. J. Reinholdt"

Später sind die Nachweise vorgedruckt: Kuhpocken-Impfungs-Schein. Name des Impflings: Marie Golz, Alter : geboren angeblich d. 27. Oktober 1845, Eltern: Vater: Tagelöhner Golz,

Geburtsort: Schwerin, wurde am 14 ten des Monats Junius und Jahres 1846 mit Kuhpockengeimpft, welche sich durch den Verlauf und bei der am 8 ten Tage nach der Impfung erfolgten Untersuchung als ächt erwiesen. Gadebusch, den 21 sten Junius im Jahre 1846. Dr. G.L.F. Litzmann, Med. R."

Vieleicht wird sich herausstellen, dass unser Mecklenburg auch in manch anderen Dingen nicht ganz soweit zurück war, wie man ihm gerne auch heute noch nachsagt.

Denkt man aber gerade an die Pockenschutzimpfung, so sind wir da wohl seit ein paar Jahren etwas sorglos geworden, weil es in jedermans Ermessen liegt, ob er sich „vaccinieren" lässt oder nicht. Am 27. April 1996 konnte man in der „Schweriner Volkszeitung" die AP-Meldung lesen, dass es nur noch Laborstämme der Pockenwildviren gibt, seit dem die Erreger „weitgehend" im Jahre 1980 ausgerottet wurden. Diese Stämme befinden sich in den Laboratorien des „Zentrums für Seuchenkontrolle und Vorsorge" in Atlanta, USA (!) und im „Staatlichen Forschungszentrum für Virologie und Biotechnologie" der Russischen Förderation in Koltsovo (!). Der letzte Pockenfall soll 1977 in Somalia aufgetreten sein.

Ein geistesverwirrter Schulmeister

Man glaubt es kaum, auf welche „Raritäten" man beim Durchsehen alter Papiere stößt, die über Jahrzehnte unbeachtet herum gelegen haben. Abgesehen davon, dass das Auffinden von Handschriften Maschs für den Chronisten eine Sensation war, gab es noch Nebenentdeckungen, die nicht minder aufregend waren.

So fand sich ein blauer Aktendeckel aus derbem Papier mit Maschs Schrift wie folgt beschriftet: „Acta betreffend die Geistesstörung des Schulmeisters Spehr in Gr. Rünz". Darin befanden sich Teile einer Korrespondenz, die der Pastor sowohl mit dem Konsistorialrat Genzken in Ratzeburg, dem „Schul-Ephorus“, als auch mit dem Direktor der Klinik auf dem Schweriner Sachsenberg führte. Und das war kein Geringerer als Doktor Carl Friedrich Flemming.

Der Chronist hat 1995 einen Sommer lang täglich einen traurigen Gang in die heutige Nervenklinik gemacht und weiss um das Werk dieses Mannes. Jürgen Borchert setzte ihm in seinem Buch „Mein mecklenburgischer Zettelkasten“ (Hinstorff 1985) auf den Seiten 147 bis 155 ein literarisches Denkmal. Geht man vom Park her auf das imposante, etwa 180 Meter lange Hauptgebäude der Klinik zu, so fällt einem ganz sicher eine Stele aus rotem Marmor mit dem bronzenen Reliefbild Flemmings auf. Seine Freunde und Großherzog Friedrich Franz I. haben sie nach seinem Tode dort aufstellen lassen. Die Lebensdaten stehen darauf (geb. 27. Dezember 1799, gest. 27. Januar 1880) und eine Würdigung seiner Verdienste als erster Direktor der Anstalt, als Vorkämpfer einer humanen Psychiatrie und als Schriftsteller. Das Gebäude der Nervenklinik entstand nach Entwürfen von Georg Adolph Demmler, der von Flemming sachlich beraten wurde. Sie wurde 1830 eingeweiht.

Wie kam Masch dazu, sich ausgerechnet an Flemming zu wenden? Es gibt mehrere Hinweise auf Geisteskrankheiten in den Armenakten von Demern. Diese wurden aber meistens in Lübeck behandelt. Der Fall des Schulmeisters Spehr muss Masch jedoch sehr am Herzen gelegen haben, denn er schickte ihn nach Schwerin.

Was geschehen ist, geht aus den Briefen an Genzken und Flemming hervor. Seit Weihnachten 1841, so in dem Schreiben an Genzken, fällt Masch die „trübe Stimmung“ seines Schulmeisters auf. Zwar versehe Spehr seinen Dienst sorgfältig und treu, auch halte er die Kinder mit auffallendem Eifer zu Arbeit und Fleiß an, besuchte wohl jeden Sonntag die Kirche, suchte aber seinen Pastor und Schulinspektor nicht mehr wie früher nach dem Gottesdienst auf. Bei einer Inspektion im

Januar 1842 findet Masch alles in bester Ordnung und drückt Spehr seine Anerkennung in freundlichen Worten aus.

Am 6. März 1842, einem Sonntag, geht es Spehr nicht besonders gut, so dass er das Bett hüten muss. Gegen Abend stellt sich eine „Geistesverwirrung" ein, die sich am Tag darauf verschlimmert. An diesem schreibt Spehr einen Brief an Masch.

„Hochehrwürdiger Herr Prediger! Ich wünsche, dass Euer Ehrwürden möchte die Güte haben und kommen heute Abend oder auch Morgen beizeiten zu mir ganz ergebenster Diener Spehr". Am Rande des Blattes steht eine zusätzliche Bemerkung: „Ich hätte einige Wörter mit Ihnen abzumachen von wegen der Schultabellen."

Masch sucht ihn am Dienstag auf. Spehr spricht über die Schultabellen, dass er sie gerade fertig gemacht habe, aber es sei ein Fleck darauf. Und er wisse, dass Masch und Genzken ihn als Schulmeister absetzen wollten. Masch beruhigt ihn, aber Spehr wird immer wirrer. Er hält sich für einen großen Sünder und er müsse noch einmal „mit der Taufe der Buße" getauft werden. Auch darüber gelingt es Masch, ihn zu beruhigen. Doch der Einfluss des Pastors hält nicht lange vor. Spehr wird zunehmend „albern und boshaft" und „da die ärztliche Behandlung hier gar nicht wirkte, so ward er am 18ten in die Irrenanstalt auf den Sachsenberg gebracht".

Masch bittet Genzken, dem kranken Spehr die Lehrerstelle in Groß Rünz offen zu halten. Da ja die Sommerschule beginne, könnten die Kinder aus Groß Rünz zum Unterricht nach Demern kommen. Man sollte abwarten, wie sich der Zustand Spehrs weiter entwickelt. Der Brief ist vom 20. März und Genzken ist mit den Vorschlägen einverstanden, zumal auch die Kirchenjuraten und der Schulvorstand dahinter stehen.

Mit dem Patienten ist ein ausführliches Schreiben Masch an Flemming gegangen:

„Wohlgeborener Höchstverehrlicher Herr Obermedicinalrath. Der Schulmeister Spehr aus Großen Rünz um dessen Aufnahme in die Irrenanstalt nachgesucht wird, ist bis auf die letzten

Wochen ein durchaus verständiger und nüchterner Mann gewesen, wenig gebildet, aber recht treu in seinem Berufe und ganz frei von religiöser Schwärmerei, die auch von mir, obgleich ich auf ein warmes und thätiges Christenthum dringe, durchaus nicht begünstigt wird. Seine Vermögensumstände sind von der Art, dass ihn nicht nur keine Nahrungssorgen drücken, sondern er sich in einem verhältnismäßigen Wohlstande befindet, seine häuslichen Verhältnisse sind nicht die angenehmsten gewesen, denn weil er in seinem Wittwerstande - die sehr geliebte Frau verlor er durch verkehrte Behandlung der Hebamme im Wochenbette - sein Dienstmädchen geschwängert hatte, musste er diese heirathen, um seine Stelle zu behalten. Er hat diese, seine jetzige Frau aber nicht eigentlich schlecht behandelt, wohl aber ist er mit großer Kälte mit ihr umgegangen. Während der 4 Jahre, dass er unter meiner Inspektion steht, ist er nicht krank gewesen, hat auch, jenen erwähnten Fall abgerechnet, nie eine dienstliche Unannehmlichkeit gehabt.

Daher war es sehr auffallend, dass er zuerst mit dem Gedanken sich quälte, er solle abgesetzt werden, weil er doch nie ordentlich genug gewesen. Diese Idee ließ er sich, als ich zu ihm ging, aber bald ausreden, jedoch hatte er sie von Zeit zu Zeit wieder, dann kamen religiöse Ideen hinzu, ... , dass er ein Sünder sey, und nochmal getauft werden müße usw., dass er nochmal Pastor zu werden berufen sey und was der Wirren mehr waren. Er hält viel von mir, daher ließ er sich auch Anfangs von mir ganz beruhigen, jedoch hörte dieser Einfluß bereits am letzten Sonntag, wo ich ihn zuletzt gesehen auf, und so ist denn sein Zustand schlimmer geworden, in dem Maße, daß er seine Freunde anfiel und ins Wasser lief, nicht um sich zu töten, sondern um die andern anzuführen, was schon seit einigen Tagen sein hauptsächliches Bestreben ist.

Daß ich die Hoffnung habe, daß er in der vortrefflichen Anstalt die unter Ihrer Aufsicht steht wiederhergestellt werde und da die Störung ja erst kürzlich ausgebrochen, verberge ich nicht, und daher will ich ihm auch, so lange es geht, seine

Stelle offen halten, sollte ich mich aber in der Hoffnung täuschen, was sich Euer Wohlgeboren ja bald heraustellen wird, so bitte ich Sie ganz gehorsamst es mir melden zu wollen, damit ich meiner Pflicht gegenüber der Schulstelle nachkommen kann.

Erlauben Sie mir, gütigst mich Ihrer Gewogenheit angelegentlich empfehlen zu dürfen, indem ich die größte Verehrung bekenne mit der ich bin Euer Wohlgeboren gehorsamster Carl Masch (CM). Demern, den 16. März 1842“

Wegen einer Krankheit konnte Flemming erst spät antworten. Er gab einen Bericht über den von ihm beobachteten Zustand des Lehrers und teilte mit, dass eine Verschlimmerung der Krankheit zurückgegangen sei, seit der Bruder Spehrs, Stellmacher in Falkenhagen, diesen besucht hatte, „... hat sich eine neue Steigerung der Krankheist-Symptome nicht mehr gezeigt. Doch ist derselbe noch immer etwas schweigsam, zurückgezogen, zurückhaltend, anscheinend mißtrauisch bei seinen Gesprächen und Antworten; im Allgemeinen sein Wohlbefinden behauptend ... . Er schläft ruhig, ißt mit Appetit, nimmt an leichten Gartenarbeiten willig und thätig Antheil, doch ist seine Verdauung noch immer nicht in normalem Zustande, und es steht zu vermuten, daß hierin der Grund und Sitz seiner Verstimmung beruht. Allmälig steigert sich mehr und mehr das Verlangen nach Rückkehr in die häuslichen Verhältnisse und zum Amt; doch zeigt er noch keine Ungeduld. Es scheint mir nicht unzweckmäßig, daß einer seiner Brüder gelegentlich wieder an ihn schreibe, ihm sein Bedauern über die Nichtbeantwortung des früheren Briefes ausdrücke und ihm von seinen Angelegenheiten Nachricht gebe. Er, der Kranke, hat es ‘zugestanden’, daß ich seinen Brüdern durch Euer Hochwürden seinen Gruß vermelde, übrigens würde ich wissen, was in dieser Hinsicht zu thun sey.

Ich benutze die Gelegenheit, Euer Hochwürden den Ausdruck meiner größten Hochachtung vorzulegen mit der ich die Ehre habe zu beharren. Euer Hochwohlgeboren ganz gehorsamer Dr. C. Flemming. Sachsenberg, den 29. Mai 1842 „

Ein weiterer Brief Flemmings ist vom 7. Juli 1842. Hierin nimmt er auf ein konfuses Schreiben Spehrs Bezug. Es liegt handschriftlich der Akte bei: „gestern Abend Nun weiß ich wahrhaftig daß Gott seinen Engel gesandt hat. Du hörst sein Sausen wohl aber Du weißt nicht von wannen er kömt und er fährt. 4 Uhr - Ehe der Hahn zweimal krähet wirst Du mich drei mahl verleugnen und ging hinaus und weinte bitterlich. Weinet nicht über mich, sondern über euch selbst, und über eure Kinder, denn so man das thut am grünen Holz, was wird am dürren werden. - 4 1/2 Uhr Laß gehen wie es gehe, mein Vater in der Höhe weiß zu allen sachen Rath. 4 3/4 Christus sprach laßet die Kindlein zu mir kommen, und währet Ihnen nicht den solcher ist das Reich gottes."

Flemming urteilt: „... Ich gestehe aber, daß ich mich über so ein übles Zeugnis seines geistigen Zustandes, wie dieser Brief ist, gewundert habe, da er in seinen Reden und in seinem Benehmen bereits verständiger erscheint ... ." Spehr aber ist trotz allem genesen, denn schon 1844 wird er im Zusammenhang mit einem allgemeinen Lob für die Schulen in Demern und Groß Rünz genannt. Genzken selbst übermittelt ihm ein Schreiben mit seiner vollen Anerkennung.

Flemming und Masch werden sich wahrscheinlich auch persönlich gekannt haben, denn der große Psychiater verkehrte in Kreisen angesehener Persönlichkeiten Schwerins und darüber hinaus, zu denen auch der Geheime Archivrat Lisch gehörte. Möglicherweise trafen sie sich in der Freimaurerloge. Und von Lisch zu Masch und zu Flemming war es dann wohl kein allzu weiter Weg.

O tempora, o mores!

Wöchentlicher Anzeiger für das Fürstenthum Ratzeburg, No. 50, Schönberg, den 11. Dezember 1835. - In dieser Ausgabe, es ist die vorletzte des Jahres 1835, veröffentlicht die Großherzoglich Mecklenburgische Landvogtey des Fürstentums Ratzeburg durch ihren Amtmann Gerichts-Rath Dr. Karsten ein „Verzeichnis der in dem Jahre vom 30sten September 1834/35 im hiesigen Fürstenthume vorgefallenen Sterbefälle etc.", welches zu „manchen Bemerkungen Anlaß (gibt), die sich den Lesern, zum Theil sehr unwillkommen, aufdringen".

Amtmann Karsten erwähnt zunächst den unverkennbaren Überschuss an Geburten, „doch (kann) eine solche Bereicherung des Landes durch Menschen, für eine Erhöhung der Wohlfahrt des Staates nicht geachtet werden, so lange eine Veredlung der Generation in moralischer Hinsicht, eigene Ruhe und Zufriedenheit nicht befördern und dadurch das Glück des Ganzen nicht erreichen hilft. Daß von oben herab, für diesen Zweck, auch in unserm Lande, unabläßig gestrebt wird, kann nur der gefühllose Egoismus verkennen: aber nicht Alles kann durch öffentliche Anordnungen erreicht werden, wenn der eigene Wille unthätig bleibt."

Karsten will auf das ungünstige Verhältnis der ehelichen zu den unehelichen Geburten hinaus, das sich auch im Berichtszeitraum 1834/35 ergibt. Und es sei keine Beruhigung, wenn sich in anderen Ländern sogar eine Überzahl unehelicher Geburten über eheliche ergeben haben soll. Andere Länder sind die nicht so weit entfernten mecklenburg-schwerinschen oder die dänischen Gebiete, die ja bei Ratzeburg beginnen, Ausland also. Leider hätten unter solchen Verhältnissen auch Verbrechen überhand genommen, die man hier, Gott Lob!, nicht einmal dem Namen nach kenne: „man berichtet uns, daß wohl fünf Kindesmörderinnen zu gleicher Zeit eingezogen worden sind!!".

Aus den älteren Übersichten für das Fürstentum führt er dann die Gesamtzahl der Geborenen zu den unehelichen Geburten wie folgt an: im Jahre 1808 - 13 auf 348, 1812 - 13 auf 343, 1815 - 20 auf 352. Am Schluss der längeren Abhandlung mit Betrachtungen um die gesunkene Moral steht dann eine aktuelle Tabelle (30. September 1834 - 1835) aus der man die im Fürstentum Ratzeburg geborenen ehelichen und unehelichen Kinder, die gestorbenen Personen, die Anzahl der Konfirmanden, der Getrauten und derjenigen, die das Abendmahl erhielten ablesen kann. Es sind, um nur diese Zahl herauszugreifen, im gesamten Fürstentum 544 Kinder zur Welt gekommen, von denen 63 unehelich waren. Sündiges Carlow mit 10 unehelichen Geburten von 76 insgesamt. Minder sündiges Demern mit 3 unehelichen von 30 geborenen Kindern. Im zum Fürstentum gehörenden Horst bei Sterley wurden 7 Kinder geboren, 3 davon unehelich.

Das, was uns an Resten eines einstmals umfangreichen Archivs des Pfarramtes Demern (im heutigen Kreis Nordwestmecklenburg) erhalten geblieben ist, erweist sich immer wieder als Fundgrube. Auch zu diesem Thema. So fand ich unter den gefährlich verstaubten und verschimmelten Papieren einige Zeitdokumente aus dem Jahre 1845.

„Copia Actum zu Schönberg im Justiz-Amte der Landvogtei des Fürstenthums Ratzeburg, den 25ten Februar 1845. In Gegenwart: des Herrn Gerichts-Raths Dr. Karsten.

Der Knecht Jochen Möller, 28 Jahre alt, aus Kl. Rünz, gestand, die Liese Buschow, Tochter des Hauswirths Buschow in Kronskamp, geschwängert zu haben, die er zu ehelichen gedenke. Die Geschwängerte war nicht gekommen. Conclusum: beide Concubanten werden wegen getriebener Unzucht, jeder in 2 rth, 24 sh DC herrschaftlicher und 2 rth DC Kirchenstrafe und in die veranlaßten Kosten hiermit genommen. Von Rechts Wegen! Facta publicatione conclusi wurde Comparent entlaßen, und soll dies Protokoll dem Herrn Pastor Masch zugefertigt werden. In fidem : A. Harnack“

Es muss ein sündiges Jahr gewesen sein, denn schon am 4. Februar hatte es eine Sitzung über zwei „Concubanten“ gegeben:

„Die Catharina Parbs aus Kl. Rünz gebürtig aus Bülow, war in Begleitung ihres vormaligen Vormundes Parbs aus Bülow heute vorgetreten und brachte ihre Klage vor. Der Beklagte, Jochen Möller aus Carlow, gleichfalls auf dem Hofe Kl. Rünz in Dienst, gestand, die Dirne Parbs geschwängert zu haben und Vater ihres zu erwartenden Kindes zu sein. Ehelichen würde er das Mädchen, wenn ihm solches erlaubt werden würde. Er könne indeß keine Wohnung finden.

Conclusum: bei dem Eingeständnis des Beklagten, werde derselbe schuldig erkannt, die Dirne Parbs binnen 6 Wochen zu ehelichen, oder, wenn er solches nicht könne, sie binnen 14 Tagen mit 10 rth abzufinden, ingleichen nach demnächstiger Entbindung derselben, die Wochenbettkosten mit 10 rth zu vergüten, auch zur Ernährung des zu erwartenden Kindes, bis zu dessen erlangten 14ten Lebensjahr, jährlich 8 rth, im ersten Jahr aber 10 rth zu bezahlen, wie er denn auch die veranlaßten Kosten zu tragen habe. Beide Concubanten ...“

Die Strafen sind die gleichen, Pastor Masch bekommt die Abschrift des Protokolls.

Das Jahr fing sündig an. Es ist jedoch noch nicht zu Ende am 26. September. Da gibt es erneut ein Protokoll. Diesmal ist es „... der 31 Jahre alte Knecht Hans Jochen Holst aus Demern, ... der gesteht, die Marie Lüttjohann, Tochter des Tagelöhners Lüttjohann zu Demern geschwängert zu haben. Er gedenkt, das Mädchen zu ehelichen. ...“

Die herrschaftlichen und Kirchenstrafen wie gehabt. Das Protokoll geht abschriftlich an Masch. Der sorgt dafür, dass Hans Jochen mit Datum „Schönberg den 11ten Oktober 1845“ einen Niederlassungschein bekommt und sich in Demern selbständig niederlassen kann. Und dann wird er wohl seine Marie geheiratet haben und alles war wieder in Ordnung. Ungeklärt ist allerdings, ob es sich bei den „Sündenfällen“ vom 4. und 25. Februar 1845 um denselben „Schwängerer“ gehandelt hat. Beide Male „passierte“ es in Klein Rünz und immer war es Jochen Möller. - Ein und derselbe Jochen Möller?

Na, ist eigentlich egal. Hoffen wir, dass sie alle miteinander einigermaßen glücklich geworden sind und dass sie erst der Tod geschieden hat.

Heiratskonsens und Hüsung

Es war im Oktober 1844, als der beim Großherzoglich Mecklenburg Strelitzschen Infanterie-Batallion stehende Clas Carl Heinrich Holst seiner Braut Luise Marie Kröpplin vorschlug, dass man nun wohl heiraten sollte. Clas war auf Urlaub in Kl. Rünz, wo er vor seiner Einberufung zu den Soldaten Arbeitsmann war. Luise diente ebenfalls in Kl. Rünz auf dem dortigen Pachthof. Das Paar wollte in Zukunft in Samkow wohnen, knappe 2 Kilometer vom Pachthof entfernt.

Nun hört sich das leichter an, als es damals war. Zunächst bedurfte der Clas eines Niederlassungscheins, der ihm Hüsung in Samkow zusicherte. Die Niederlassungserlaubnis erteilte die Landvogtei in Schönberg. Die war auch bereit, den begehrten Schein auszustellen, aber das ging nun ja nicht, denn der Bräutigam hatte noch fast 2 Jahre bei seinem Batallion in Neustrelitz abzudienen. Und einem dienenden Soldaten wurde keine Niederlassung erlaubt.

Sie müssen es wohl doch etwas eilig gehabt haben, die Brautleute. Clas wandte sich also an seinen Seelsorger in Demern, denn Kl. Rünz gehörte zum Kirchspiel des Pastors Gottlieb Matthias Carl Masch. Für heiratswillige Pfarrkinder hatte Masch immer ein offenes Ohr und deshalb schrieb er an den militärischen Vorgesetzten des Soldaten einen Brief:

„Hochwohlgeborener, Hochgebietender Herr Obristleutnant! Durch das angelegte Rescript hiesiger Großherzoglicher Landvogtei vom 15. Oktober ist dem beurlaubten Soldaten Clas Carl Heinrich Holst die Erlaubnis zu seiner Niederlassung in Samkow zugesichert, wenn er einen Consens zu seiner Verheirathung vom Großherzoglichen Militärkommando beibringen würde. Ew. Hochwohlgeboren seine gehorsame Bitte ihm diesen Consens zu seiner Verheirathung geneigt und sobald wie thunlichst ertheilen zu wollen, vorzulegen, bin ich ersucht worden, und habe um so lieber sein Anliegen erfüllt, als mir dadurch die Veranlassung wird, die größte Verehrung bezeugnen zu können mit der ich bin Euer Hochwohlgeboren gehorsamster Carl Masch, Pastor. Demern, d. 24. Oktober 1844"

Der so höflich und achtungsvoll gebetene Batallionschef zögerte nicht lange mit der Antwort: „Hochwürdiger Herr, Hochgeehrter Herr Pastor! In Erwiederung Eures Hochehrwürdigen Schreibens, muß ich Ihnen bekanntmachen, daß der Soldat Clas Carl Heinrich Holst aus Kleinen Rünz, noch bis zum ersten May 1846 im activen Militär zu dienen hat und daher einer Special-Erlaubnis von seiner Königlichen Hoheit dem Großherzoge, zu seiner Verheirathung bedarf. In deßen will ich das Gesuch des p. Holst, Serenissimo gerne vortragen, jedoch wird es erforderlich, daß ich auch den Namen der Braut und ihren Wohnsitz weiß. Euer Hochehrwürden ersuche ich demnach, mich hiervon in Kenntniß zu setzen und empfehle mich mit der vorzüglichsten Hochachtung Euer Hochehrwürden ganz ergebenst v. Wenckstern. Neustrelitz den 28. Oktober 1844"

Schon am 2. November bedankt sich Masch für die Bereitwilligkeit des Oberstleutnants, beim Großherzog um den Ehekonsens nachzusuchen und sendet die erforderlichen Angaben über die Braut.Erstaunlich, wie schnell die Post damals ging, denn in den Akten Maschs findet sich folgende „Abschrift

/ Georg etc. etc. / Auf Euren Vortrag vom 2. d.M., dessen Original-Anlage hierneben zurück erfolgt, genehmigen wir, daß dem Soldaten Clas, Carl, Heinrich Holst aus Kl. Rünz der Heiratsconsens unter der gewöhnlichen Bedingung, daß er für seine künftige Ehefrau allen Prärogativen einer Soldatenfrau entsagt, erteilt werde. Ihr habt darnach das Weitere zu Verfügen. Wir etc. / Neustrelitz,den 3 November 1844 / An unser Militär-Commando hieselbst“ Dieses Schriftstück trägt mit Datum vom 8. November 1844 den Vermerk, daß das Original richtig an das Militärkommando abgegeben wurde.

„Prärogativen“ waren Vorrechte, die der Frau eines Berufssoldaten zugestanden wurden. Da Clas aber nur einer zeitlich begrenzten Wehrpflicht zu genügen hatte, galt dieser Anspruch nicht. Auch im endlich nachfolgenden Spezialkonsens wird betont, daß der zukünftigen Frau Holst keine Vorrechte einer Soldatenfrau zustünden: „Wenn der im Großherzoglich Mecklenburgisch-Strelitzschen Infanterie-Batallion dienende Soldat Clas Carl Heinrich Holst aus Benz, um die Ertheilung eines Heirts-Consenses mit der Louise Marie Kröppelin aus Falkenhagen gebeten, so,wird demselben, nachdem ihm von der Landvogtei des Fürstenthums Ratzeburg die Erlaubnis zu seiner Niederlassung in Samkow zugesichert worden, auch derselbe allen Praerogativen für seine Frau als Soldatenfrau entsagt, der gewünschte Consens hierdurch ertheilt. / Neustrelitz den 30 ten December 1844 / Der Großherzoglich-Mecklenburg-Strelitzsche wohlbestallte Oberstlieut. u. Bataillons-Chef v. Wenckstern“

Aber ein wenig haben sie noch warten müssen, der Clas Carl Heinrich und seine Luise Marie. Mit dem 15. Januar 1845 teilt die Commision des Consistorium im Fürstenthum Ratzeburg dem Pastor Masch mit, dass das Brautpaar nur an zwei Sonntagen in der Kirche „proclamiert“ zu werden brauche, statt der üblich drei. Gleichzeitig erhält Masch auch den „Niederlassungs-Schein / Dem angehenden Arbeitsmann Claus Carl Heinrich Holst, gebürtig zu Neustadt (Holstein) wird, nachdem den gesetzlichen Erfordernissen genügt worden ist, hiermit gestattet, sich zu Samkow selbstständig niederzulassen. Schönberg, den 15 ten Januar 1845. Grossherzogl. Mecklb. Landvogtei des Fürstenthums Ratzeburg / (Siegel) Karsten"

Es war manchmal doch schon etwas umständlich, das Heiraten im alten Mecklenburg. Möglicherweise hatten die Ehen deshalb auch längeren Bestand. - Die Holsts gibt es noch immer reichlich um Demern und Carlow. Manche werden sicher Nachkommen von Clas und Luise sein.

Kindesmord 1787

Pastor Rudolphi, der in Demern von 1810 bis 1837 amtierte, hatte aus den Kirchen- und Sterbebüchern besondere Begebenheiten in der Gemeinde aufgeschrieben. Seine Originalhandschrift ist wahrscheinlich verloren gegangen, es liegt aber eine Abschrift durch den Küster und Lehrer Adolf Michaelis vor, die er in den 30er Jahren für eine Ortschronik von Demern verwenden wollte. Diese Aufzeichnungen lesen sich teilweise wie eine Kriminalchronik, da immer wieder von Verbrechen berichtet wird. Zu unserer Thematik passt ein besonderer Fall, der aus diesem „Pitaval" herausgegriffen werden soll. Rudolphi notierte :

„Anno 1787 wurde der hiesige Schmied Schröder inquisitorisch eingezogen. Er hatte seine Stieftochter geschwängert, namens Elisabeth Niebuhr. Als das Gerücht sich davon verbreitete, leugneten beide es und weil das Mädchen verwachsen war, konnte man dessen Schwangerschaft wenig bemerken und traute dem Gerücht kaum. Endlich in einer Nacht hatte die Person ein Kind geboren. Beide hatten es heimlich abgemacht, der Schmied hatte das Kind ermordet dadurch, wie man sagte, dass er ihm den Kopf am Ständer geschmettert und es im Stalle eingescharrt. Das Gerücht davon lief umher und es kam endlich der Landreiter von Carlow mit der Wehmutter, um zu untersuchen, ob das Mädchen ein Kind geboren. Der Schmied wollte es nicht zugeben, sondern gab vor, das Mädchen hätte einen Blutsturz gehabt. Bei der Untersuchung zeigte sich, dass sie Milch in den Brüsten hatte. Auf Befragen, wo das Kind wäre, leugneten sie es dennoch. Es wurde Wache geholt und beide am folgenden Tag nach Stove vors Amtsgericht gebracht, wo der Schmied bekannte, dass er das Kind im Stall eingescharrt hätte, wo es denn auch gefunden und nach geschehener Besichtigung auf dem Kirchhof begraben wurde. Beide wurden darauf nach Mechow ins Gefängnis abgeführt, wo der Schmied ausgebrochen und dem weltlichen Richter entlaufen ist, das Mädchen aber, nachdem es mehrere Zeit dort gefangen gesessen, wurde mit dem Staupbesen bestraft und fortgejagt. Das Haus wurde verkauft und erstanden von seinem gegenwärtigen Besitzer, dem Schmied Both."

Schuld und Sühne der Marie Rieckhof

Armer Leute Kinder, die Töchter und Söhne der Arbeitsleute und Tagelöhner auf den Dörfern, hatten im 19. Jahrhundert nur selten eine andere Perspektive, als in den Dienst eines Bauern oder örtlichen Handwerkers zu gehen, sofern der in der Lage war, einen Dienstboten zu unterhalten. Viele versuchten auch in der nächsten Stadt eine Anstellung zu bekommen. So finden sich in Lübeck und Hamburg immer wieder Dienstboten, die aus den Dörfern des Fürstentums Ratzeburg stammten. Viele von ihnen fanden „fern von der Heimat" ihr Auskommen und manchmal sogar ihr Glück.

Den jungen Männern wird es leichter gefallen sein, sich in den Diensten zu behaupten, als den Mädchen. Diese waren durch das Abhängigkeitsverhältnis nicht selten den Übergriffen der männlichen Dienstherrschaft ausgesetzt. Es finden sich in den Fragmenten des Demerner Pfarrarchivs mehrere Hinweise darauf, dass Dienstmädchen oft schwanger wurden. Entlassen kehrten sie in die Heimatdörfer zurück, belastet mit dem Makel der Liederlichkeit, „in Schanden". Manchmal waren die häufigen Geburten unehelicher Kinder aber auch das Ergebnis unglücklicher Liebschaften zwischen den Dienstboten selbst. Erfreulich ist, dass sich manches Zeugnis darüber findet, dass die Liebenden heiraten konnten. Dazu wurde an anderer Stelle bereits berichtet („O tempora, o mores ...", „Ein Heiratskonsens"). Fanden sie „Hüsung" und dank der Menschlichkeit ihrer Dienstherren ihr Auskommen, war das kein großes Problem auf den Dörfern um Schönberg. Letztere Glücksfälle betreffen aber vor allem die „Knechts und Dirns" der wohlhabenden Bauern, wo das Personal mehr oder weniger zur Familie gehörte.

Uneheliche Kinder waren also in den Dörfern nicht selten, aber eine gewissenhafte Armenpflege sorgte sich um sie und half ihnen nach Möglichkeit. Die Aufgaben des Armenvorstehers lagen beim Pastor, waren ein wichtiges Anliegen der Kirche. Ein Beispiel aus der Amtszeit des Archivrates Pastor Masch in Demern rührt besonders an:

„Das Großherzogliche Mecklenburgische Criminal-Kollegium in Bützow hat unter dem 3ten d.M. in der Untersuchungssache wieder die Marie Rieckhoff aus Demern, Tochter des Arbeitsmannes Rieckhoff daselbst, wegen Kindesmords, gebeten, von Ihnen und dem Lehrer Bohn eine Erklärung darüber einzuholen:

wie sich die p. Rieckhoff während der Schulzeit und während des Confirmandenunterrichts gezeigt, ob sie Fleiß bewiesen und angemessene Fortschritte gemacht, was Ihnen Beiden etwa über das spätere Verhalten derselben, namentlich in sittlicher Beziehung, bekannt geworden ist.

Auf Grund dieser Requisition ersuchen wir Sie, die gewünschte Erklärung bald an uns gelangen zu lassen, auch die bezügliche Erklärung des Lehrers Bohn gefälligst anzuschließen. Schönberg, den 7.ten Juni 1858. Großherzogl. Justizamt der Landvogtei des Fürstenthums Ratzeburg, v. Oertzen"

Was hatte sich zugetragen?

Catharina Marie Rieckhoff, geboren im Jahre 1834, hatte nach ihrer Konfirmation „an verschiedenen Stellen gedient, nach den Zeugnissen ihrer Dienstherrschaften mit Wohlverhalten...". Johanni 1855 kehrte sie in ihr Elternhaus nach Demern zurück und wurde von einem Mädchen entbunden. Ein Vater zu diesem Kind ist nirgands angegeben. Es blieb bei Maries Eltern in Demern und diese ging erneut „in Dienst". Im Jahre 1857 ist sie beim Ziegler Dettmar in Bülow, wo sie erneut geschwängert wird. Sie zieht zum Reifer Lau nach Rehna. Das Kind bringt sie „im Freien" zur Welt. Es ist ein Mädchen. Bald nach der Geburt wirft Marie es „in ein Wasserloch".

Im September 1858, so beweist ein Brief, den man für sie an ihre Eltern schreibt, ist sie in der Haftanstalt Dreibergen bei Bützow. Dort beginnt am 19. Novermber 1858 ihre sechsjährige Zuchthausstrafe.

Es ist eine relativ milde Strafe, denn in manchen deutschen Staaten stand auf Kindesmord noch die Todesstrafe. Vielleicht hat man ihre Tat ihrer Verzweiflung zugute gehalten. Es kann auch sein, dass das Kind eine Totgeburt war.

Sicher aber haben auch die Beurteilungen von Pastor Masch und Lehrer Bohn für sie „gut gesagt". Der Entwurf des entsprechenden Schreibens von Masch ist erhalten. Darin teilt er mit, dass es ihm nicht möglich ist

„... einen ganz ins einzelne gehenden Bericht über die Aufnahme des Unterrichts zu geben, den sie von mir empfangen hat. Nur im Allgemeinen kann man angeben, daß sie sich in keiner Weise bemerkbar machte, daß ihre Antworten dürftig ausfielen, jedoch hat sie keine Ursache zu Rügen über Unfleiß und Ungehorsam gegeben. Da sie den Catechismus ausreichend gelernt hatte und den Standpunkt der wenig begabten Kinder erreichte, war ihre Zulassung zur Konfirmation allerwege gerechtfertigt. Später ist sie aus meiner Gemeinde entfernt gewesen und kam erst im schwangeren Zustand wieder zurück, gebar am 27. Juni 1855 eine uneheliche Tochter, konnte aber, weil sie nicht gesund war, nicht den Ammendienst übernehmen, das Kind blieb bei ihren Eltern als sie später in Dienst ging und wird eine Beihilfe für dieselbe aus der Armenkasse gezahlt."

Masch hatte sie, als sie in Demern diente, hin und wieder in der Kirche bemerkt. Die Erklärung von Lehrer Bohn wird sicher auch günstig ausgefallen sein. Leider gibt es davon keine Abschrift oder einen Entwurf in den Papieren.

Marie Rieckhoff schrieb aus dem Zuchthaus mehrere Briefe an den Pastor. Sie berichtet über ihren Gesundheitszustand, über ihre Reue, fragt nach dem Befinden des Pastors, der Eltern und Großeltern und dem Ergehen ihrer Brüder. Aus allen Briefen spricht auch die Sorge um das Wohlergehen ihrer Tochter und, natürlich, die Sehnsucht nach zu Hause. Sie findet sich jedoch in ihre Strafe und hält sie für gerechtfertigt, wobei sie immer wieder versichert, wie Leid es ihr tue, ihren Seelsorger so enttäuscht zu haben. Sie dankt für die Briefe, die dieser ihr zu den Festttagen schreibt.

Masch tröstet sie mit den Worten der Schrift und versichert ihr, dass sie bei genügender Reue der Vergebung gewiss sein kann. Er berichtet ihr über das Ergehen ihrer Angehörigen, besonders ihrer kleinen Tochter. Auf ihre Anfrage teilt er ihr mit, dass ihr Bruder nicht zu den Soldaten muss, da er ein Freilos gezogen hat.

Marie, die sich in der Haft gut geführt hat, verdient etwas Geld, von dem sie ihren Eltern gelegentlich einen Taler schickt. Auch ein Tuch für ihre Tochter und einmal eine Bibel sendet sie nach Demern. Dem Kind hat man den Aufenthalt ihrer Mutter verschwiegen. Man sagt, Marie sei in Rehna. Masch sorgt dafür, dass Maries Mutter einige Male die Erlaubnis erhält, ihre Tochter in Bützow zu besuchen. Eine weite Reise von Demern nach Bützow, damals! - Endlich ist die Zeit der Buße für Marie herum. Pastor Masch erhält ein Schreiben aus Dreibergen:

„Die unverehelichte Marie Rieckhof aus Demern wird am 19. k.M. November aus hiesiger Haftanstalt entlassen. Wir empfehlen diese Person der gütigen Fürsorge und Obhut des Herrn Pastor Archivrat Masch daselbst angelegentlich und ersuchen ferner ergebenst: dieselbe, soweit sie der leiblichen Unterstützung bedarf und die gesetzlich vorgeschriebene, von der weltlichen Orts-Obrigkeit zu gewährende Hülfe nicht ausreicht, auch rücksichtlich ihres ehrlichen Fortkommens, etwa unter Hinzuziehung geeigneter Glieder der Gemeinde, zu berathen, zu leiten und zu unterstützen, namentlich durch Empfehlung derselben in christlich gesinnte Familien, als Dienstbote. ... Der für dieselbe aufgesparte Überverdienst und das derselben etwa aus der hiesigen Unterstützungs-Casse zu bewilligende, wird dem Herrn Archivrath Masch demnächst zur gefälligen Verwendung für die p. Rieckhof übermacht werden. Dreibergen, den 11. Oktober 1864. Die Großherzogliche Inspektion und der Pastor der Landes-Strafanstalt, Witt/Steinmann“

Es wird also Sorge getragen für die straffällig gewordenen Landeskinder. Und es kann kein Besserer angesprochen werden als Pastor Masch, der in seinen Briefen als gütiger, barmherziger Seelsorger zum Wohle seiner Schutzbefohlenen zu wirken versteht.

Mit Schreiben vom 18. November 1864 wird ihm das Guthaben Maries „... für Fleißbelohnung im Betrage von 10 Rtl. Cour. mit dem ergebensten Ersuchen, dies Geld für die p. Rieckhof Ihrer besten Einsicht nach, sei es durch baare Auszahlung, oder in sonstiger Weise, verwenden (zu) wollen ...“ durch die Großherzogliche Inspektion der Landesstrafanstalt übergeben.

Auch ein Brief des Anstaltspastors Steinmann ist erhalten, in welchem dieser Marie bescheinigt, „... dass wie ich glaube, sie die Züchtigung vom Herrn sich hat zum Segen an ihrem inwendigen Menschen dienen lassen. ... Möge sie nun ihrem Herrn von Herzen treu bleiben und namentlich sich hüten, nicht wieder in ihre alte Fleischessünde zu fallen.“

So war also für das erste für Marie Rieckhoff gesorgt. Sicher wird sie mit Pastor Maschs Hilfe eine gute Dienststelle gefunden haben. Es ist anzunehmen, dass sie in den Dörfern des Demerner Kirchspiels geblieben ist, wo sie in der Nähe ihrer Angehörigen sein konnte.

Fieken Dusendschön und Korl Bodderblaum

Es ist nicht selten vorgekommen, dass ein Bauer seine Magd schwängerte, das „Malheur“ aber wieder „in die Reihe“ brachte, indem er sie mit einem seiner Knechte verheiratete. „Wahnung“ und „Utstüer“ stellte er zur Verfügung. Viel brauchte man nicht und bei den damaligen Verhältnissen gehörten die Angestellten ohnehin zur Familie. Allerdings war nicht auszuschließen, dass es zu Komplikationen kam, wenn die Kinder aus diesen Ehen eines Tages erwachsen wurden und selbst heiraten wollten, wie es das folgende „Läuschen“ beschreibt. Im Falle von Fieken Dusendschön und Korl Bodderblaum gab es eine günstige Lösung. Der von Wilhelm Bade (1841 - 1928), einem Bauerndichter aus Ollndorf bei Schönberg, in plattdeutscher Sprache „bedichtete“ Fall soll sich so in Rupensdorf zugetragen haben.

Dat ännert dei Saak!

Korl Bodderblaum, Fiek Dusendschön,
dei deinten bi den'n Schulten.
Mit'n mal geiwt 'ne Verännerung,
dei Schicksalswürfel rullten.
Dei Schult har grar 'n Wahnung apen,
weit nich, wat hei d'rut har.
Sull'n ehr Kommaud'n tausammenstell'n?
Wer raden kann, dei rar!
Lüt Utstür wull hei Fieken gäben,
doran sull dat nich lieken.

Ein Bett, ein'n Disch un uk twei Steuhl,
dat reckt för Korl un Fieken!

Na, Fiek weir dormit inverstahn.
Doch Korl har noch Bedenken.
Hei har dei Anne Mohn tau'r Bruut.
Wat wür sei dorvon denken?
„Windröschen meinst du?" fröggt dei Schult.
So deed'ns dei Dirn hier heiten.
„Dei hätt all säben ahne di,
dei wart dat nich verdreiten."
„Ja denn man tau!" seggt Bodderblaum,
„Dat ännert all dei Saak."
Hei friegte Fieken Dusendschön,
Windröschen einen Staak.

Nu springt wi äwer twintig Johr,
dat is kein Kattensprung.
Doch flüggt dei Tied ganz licht dorhen.
wenn's richtig is in Swung.
Kümmt rinne na ohl Bodderblaumsch,
geborne Dusendschön,
ehr Döchterlein Anne-Marie,
so jung un morgenschön.
Sei faat ehr Mudder üm den'n Hals:
„Ach Mudder, hei will friegen!
Segg mal, häst du wat intauwend'n
Ne sprick, kann ik em kriegen?"
„Ik hür all, Dochter, wen du meinst,
snackst werre von den'n Staak?
Ji sün mi beed man noch tau jung.
Hätt all so'n Ihl dei Saak?"
„Nee Mudder, nee, doch Hans
dei mein, dat an dei Tied nu wier,
bi Greit Oldörpsch kümmt 'n Wahnung frie,
wi bleib'n denn uk upp dei Nahei hier.
Ja, Mudder, ja? Denn gah ik hen,
will Vaddern uk gliek fragen,

hew em all seihn, hei is dorbi,
in'n Holtstall Holt tau sagen."

Sei löppt na but'n, kümmt trüg un roort.
„Nee sähr'e, dat kunn nich gahn.
Worüm, dat wull hei mi nich seggen.
Wat hebbt wi em denn dahn?"
„Gah gliek noch inst, hei sull di seggen,
wat hei up dienen Hans deer wäten.
Süss käum ik sülwst, wat föllt em in?
Dei Kirl is wull bisäten!"
Anne-Marie dei güng un käum
un roorte nu noch duller.
„Wat is denn los?" röppt Bodderblaumsch.
„Hätt denn dei Kirl 'n Kuller?
Wat sähr hei denn? - „Ik sall't nich seggen.
Hei sähr: Hans weir mien Brauder."
„Wenn't wierer nix, denn grüss em man.
Ik hew hier doch dat Rauder!
Du harst 'n ganzen annern Vadder
as so'n ull Dämelak.
Dien Vadder weir'n grooten Buern!"
Dat ännert denn dei Saak!

Feierstunde in Groß Rünz

Man schrieb den 25. September 1873. In der Schulstube hatte sich eine ansehnliche Menschenmenge versammelt. Anwesend waren die Schulkinder und der Schulvorstand, bestehend aus dem Juraten Struck, dem Hauswirth Freitag und dem Pächter der Domäne Klein Rünz, Rusch. Um 3 Uhr erschien der Schulinspektor der Rünzer Schule, der Archivrat Pastor Dr. Masch aus Demern. Unter seiner Leitung stimmten die Kinder das Lied Nr. 886 aus dem Ratzeburger Gesangbuch an: 1. Du lässest, Vater, Schulen blühn zu einer Himmelssaat; um Menschen christlich zu erziehn, führst du sie Jesu Pfad. 2. Von ganzem Herzen bringen wir mit freudigem Gesang, für diese große Wohltat dir, o Vater, unsern Dank. 3. Laß unsre Schule fernerhin der Weisheit Tempel sein, und Gottesfurcht und frommen Sinn hier immer mehr gedeihn.

So hatte es sich der Schulmeister Heinrich Johann Spehr gewünscht. Es war nämlich sein 50. Dienstjubiläum, das heute hier am Ort seines Wirkens feierlich begangen wurde. Und dann sprach Pastor Masch. Er, der in seinen Predigten von der Kanzel herab eher etwas dürftig nur aus dem Predigtbuch vorlas, galt in der freien Rede, bei Begräbnissen, Hochzeiten und eben bei solchen Anlässen, wie der gegenwärtigen Feier, als blendender Rhetoriker.

Und so würdigte er denn das Wirken seines Rünzer Schullehrers in wohlgesetzten Worten. Immerhin waren 50 Jahre vergangen, seitdem Spehr am 25. September 1823 das erste Mal vor einer Schulklasse stand. Das war in Falkenhagen. Im Jahre 1829 übernahm er die Schule in Gr. Rünz. Zuvor hatte er seine Stelle in Falkenhagen vorschriftsmäßig gekündigt. Mit Beginn der Winterschule, zu Michaelis, war er dann in dem mit „nothwendigen Besserungen“ versehenen Schulhause tätig.

Er hatte kein leichtes Leben hinter sich. Masch verwies auf die „Prüfungen“ , von denen seine Jahre begleitet waren. Schon bald nach seinem Dienstantritt in Gr. Rünz starb seine erste Frau. Sie hinterließ ihm einen Sohn, der später, nach Besuch einer Lehrerbildungsanstalt, in Groß Rünz eine Privatschule gründete. Wenige Jahre vor dem Jubiläum seines Vaters war dieser begabte Mensch in Rostock gestorben. Auch die zweite Frau des Lehrers war einige Jahre zuvor von ihm gegangen.

Sicher wird Masch nicht von der vorübergehenden Geistesverwirrung im Jahre 1842 gesprochen haben, von der Spehr dank der Behandlung in der Schweriner Nervenklinik auf dem

Sachsenberg und durch die Fürsorge des berühmten Flemming geheilt werden konnte.

Masch überbrachte auch die Grüße und Glückwünsche des Domprobstes Rußwurm, dem es nicht möglich gewesen war zu dieser Feier selbst von Ratzeburg herüber zukommen und überreichte ein Gratulationsschreiben des schon recht betagten Kirchenmannes. Desgleichen wurde dem Jubilar eine von „Serenissimo", dem Großherzog von Mecklenburg-Strelitz, „ihm geschenkte Bibel" übergeben.

Auch Pastor Bauer aus Rehna hatte ein Glückwunschschreiben gesandt, das ebenfalls von Masch verlesen wurde. Bauer war in Spehrs Falkenhägener Anfängerzeit der zuständige Schulinspektor und hatte seinen Schulmeister nicht vergessen

Verständlich, daß der greise Lehrer von all den Laudatien zutiefst gerührt war. „Sagen Sie dem gnädigsten Großherzog und dem Ehren Probst meinen Dank - ich kann es nicht," sagte er mit Tränen in den Augen. Masch hat es in seinem Bericht an den Probst so aufgeschrieben.

Dann sangen die Kinder noch das bekannte Lied Nummer 461 „Nun danket alle Gott"und die offizielle Feier war damit beendet. Nun begab sich alles in die übrigen Räume des Schulhauses, besichtigte die Einrichtung des noch gar nicht alten Gebäudes und überließ den Jubilar seinen Angehörigen, die ihm sicher einen schönen Tag bereitet haben werden.

Man denke - 50 Jahre im Schuldienst! Die Schulstube gefüllt mit 40 und mehr Kindern von der ersten bis zur achten Klasse. Welche Konzentrationsfähigkeit, welch pädagogisches Geschick muß diesen Männern zu eigen gewesen sein, die in den Dorfschulen des vorigen Jahrhunderts Volksbildner waren. Es waren die vielen „Köster Klickermanns" in Mecklenburg, denen Rudolf Tarnow in seinem plattdeutschen Versepos ein Denkmal gesetzt hat, die er aber auch in seinen „Burrkäwers" achtungsvoll, liebenswert, freundlich belächelte. Es tut sich sehr viel Idylle auf in den anheimelnden Versen Tarnows. Aber sie hatten kein leichtes Leben, die mecklenburgischen Dorfschulmeister. Nein, nicht so sehr wegen der eventuell undisziplinierten und ungezogenen Dorfjugend, oder manchmal bildungsfeindlichen Elternhäuser. Es waren die materiellen Verhältnisse, in denen sie mit ihren Familien leben mussten, die Sorge um das tägliche Brot und in manchen Fällen auch um das tägliche Wasser, wie zu berichten sein wird.

Den Schulmeistern und Küstern in Mecklenburg-Strelitz, speziell im Fürstentum Ratzeburg, ging es da vergleichsweise besser als ihren Kollegen in den Dörfern Mecklenburg-Schwerins, besonders in den ritterschaftlichen Gutsdörfern - und das waren ja die meisten.

Der Chronist, Schulmeister mehr als einhundert Jahre später, fühlt sich durch Parallelen zu Tarnows Versepos „Köster Klickermann“ angeregt. Er möchte im folgenden versuchen, Streiflichter aus dem Leben und Wirken der Lehrer in den Dörfern des Fürstentums Ratzeburg, speziell um das Kirchspiel Demern, aufleuchten zu lassen.

Suche nach „Subjekten“ für die Schule

Der Schulephorus Ahrendt schreibt am 22. November 1828 an Pastor Rudolphi : „Euer Hochwürden mir angeehrte Anzeige von dem Ableben des Schullehrers Franck zu Gr. Rünz kommt mir sehr unerwartet, und ich bedaure den Verlust eines, wenn auch nicht ganz vollkommenen, doch nicht zu verachtenden Schulmannes um desto mehr, je schwieriger es ist, völlig qualifizierte Subjekte zu unseren Schulen, wie sie bisher noch sind, aufzufinden.

Der Sohn des Verstorbenen hat freilich keinen vortheilhaften Ruf, und ist wegen eines auffallenden Excesses von der Schule zu Rieps vor einigen Jahren entfernt worden. Da es indessen nothwendig ist, die verwaiste Schule zu Gr. Rünz den Winter hindurch fortzusetzen, und in der Geschwindigkeit nicht sogleich ein tauglicher Lehrer aufgefunden werden kann, so wird man wohl aus der Noth eine Tugend machen müssen. Und ich genehmige daher gern Ihren Vorschlag, dem Franck den Unterricht in der Gr. Rünzer Schule für diesen Winter, also bis Ostern vorläufig und interimistisch anzuvertrauen, jedoch ohne sich in weitere Versprechungen für die Zukunft einzulaßen, sondern mit dem ausdrücklichen Bedeuten, daß er nur bis Ostern die Schule zu verwalten habe.

Ich rechne dabei vorzüglich auf Euer Hochwürden billigendes Urtheil von seinen bisherigem unanstößigem Betragen, und auf die genaue und strenge Aufsicht mit welcher Sie über ihn während der Zeit seines ihm anvertrauten Schulhaltens wachen werden. Was ferner geschehen wird, darüber kann ich in diesem Augenblick nichts sagen. Zur Zeit ist mir kein gutes und hinlänglich geeignetes Subjekt zu Wiederbesetzung der Schule bekannt.

Euer Hochwürden ersuche ich demnach, dem p. Franck unter den strengsten Verwarnungen und unter unausgesetzter Beobachtung, als interimistischen Schulhalter für die jetzige Winterschule anzustellen, damit die Kinder nicht ohne Unterricht bleiben. ...“

Sie halten meist lange aus in ihrem Amte, die Schulmeister, werden recht alt, trotz des eher dürftigen Lebens, das sie in den Dörfern führten. Zum Ende des 19. Jahrhunderts werden ihre Lebensbedingungen zwar etwas besser, aber um 1828, fast noch unter den Maßgaben des Schulreglements aus dem 18. Jahrhundert, war es nicht leicht, sein Brot als Lehrer zu verdienen. So war es fast eine Notwendigkeit, dass sie zu ihrem Lehramte meist noch ein Handwerk ausübten oder, wie der im November 1828 verstorbene Schulmeister Franck, einen Handel mit allerlei Kurzwaren, wie sie auf den Dörfern gebraucht wurden, betrieben. Es zeichnet sich aber schon ab, dass das Konsistorium im Fürstentum Ratzeburg versuchte, besser ausgebildete Schulmeister, mit einiger Vorbildung, wenn nicht gar Bildung, anzustellen. Diese aber waren damals selten. Mit Schullehrer Franck starb auch wohl der letzte Schulhalter, der einen Nebenverdienst aus Handwerk oder Handel ziehen durfte.

Das schloss jedoch nicht aus, dass tüchtige Schulmeister aus dem Handwerkerstand kamen. Sogar ein Landarbeiter, Jochen Maaß aus Gr. Siemz, der sich mangels Kenntnissen im Lesen, Schreiben und „schriftlichem Rechnen" 1837 nochmals auf die Schulbank setzen mußte, wurde nach Berichten aus jener Zeit ein guter Lehrer. Er war damals 37 Jahre alt, war verheiratet und hatte Kinder. Sein Mentor war Masch, der seinerzeit Rektor der Bürgerschule in Schönberg war. Und dem Jochen Maaß wurden Griffel und Tafel nach eigener Aussage schwerer als Sense und Dreschflegel. Aber er trat 1838 sein Schulamt an und war 43 Jahre darin tätig.

Die Nachricht vom Ableben des Schullehrers Franck erreichte nicht nur das Konsistorium und den Schulephorus Ahrendt, sondern wurde auch in der weiteren Umgebung kund. Nicht nur im Inland, also dem Fürstentum Ratzeburg, sondern auch im Ausland, dem mecklenburg-schwerinschen, erfuhr man davon. Und so meldeten sich denn auch bald etliche Bewerber für die freigewordene Stelle.

Der Organist Schulze aus Sterley schreibt am 26. November 1828 an Pastor Rudolphi in Demern:

„Hochehrwürdiger, Hochzuehrender Herr Pastor! Wenn ich die, sich mir darbietende Veranlaßung an Sie schreiben zu dürfen, mit Vergnügen ergreife, so bitte ich gehorsamst, Sie wollen dies in doppelter Rücksicht gütigst mir erlauben. Einmal wünsche ich dadurch mich Ihnen in eine werthe Erinnerung zu bringen und dann auch Ihre vielvermögende Mitwirkung für Überbringer dieses in Anspruch zu nehmen. - Dieser - Namens Bielefeld - seines Handwerks ein Schneider, hat bereits seit einigen Jahren bei meiner großen Schule von mehr als 200 Kindern in der Elementarklasse mir geholfen und wünscht eine Anstellung an einer kleinen Schule auf dem Lande zu erhalten.

Da ich nun zufällig erfahren habe, daß in Ihrer Gemeinde der Schuldienst zu Rünz erledigt ist, so wage ich es, Sie zu bitten, bei Besetzung dieser Stelle, auf denselben gütige Rücksicht zu nehmen, und Ihren vielvermögenden Einfluß für ihn zu verwenden.

Im Falle Sie nicht schon ein tüchtiges Subjekt zu dieser Stelle bestimmt haben, oder auch von dem Competenten nicht zu viel erwarten, kann ich diesen Bielefeld besonders seines moralischen Charakters wegen, mit gutem Gewissen empfehlen, halte es auch um so mehr für meine Pflicht es zu thun, da er mir ohne Eigennutz treulich geholfen hat - und Vater von vielen lieben Kindern ist.

Er besitzt zwar nicht viele Kenntnisse - ist aber nicht ohne Talent, und wird das, was ihm fehlt, unter Ihrer geschickten und gütigen Leitung leicht sich aneignen, und so hoffe ich von Ihrer Güte, daß Sie, wenn nicht höhere Rücksichten Sie anders bestimmen könnten, mich keine Fehlbitte werden thun lassen. ..."

Aus Hagenow kommt am 2. Dezember 1828 eine weitere Bewerbung:

„Hochehrwürdieger Herr! Aus das geehrtes Schreiben von meinen Vater habe ich ersehen das der Schullerhrer zu Rünz verstorben ist. Und mich bei Sie vorgestellt hatte als Schuhllerer zu werden und Sie Ihnen den Abschlag nicht gegeben haben so hätte ich woll den Trieb dazu als Schulehrer zu werden und dencke dasjenige verrichten zu können was einen da seine Pflicht erfordert und wen ich noch nicht ganz fähig dazu bin so will ich noch ein halbes Jahr bei einen Mann in Unterricht gehen um fähig dazu zu werden. Ich habe das Zutrauen und bitte Ew. Hochehrwürden werd die Güte haben und so viel dazu beitragen wie möglich ist das ich den Dienst erhalte. Ich bin mitt der vollkomste Hochachtung Ihren untergebenen J. Diercke"

Inzwischen hatte der Sohn des verstorbenen Schulmeisters Francke, von dessen „auffallenden Excessen" in der Schule zu Rieps nichts weiter zu erfahren war, und dessen Ruf nicht als vortheilhaft galt, die Winterschule interimistisch gehalten und war wohl auch noch für die Sommerschule genommen worden, welche er aber nicht oder nur sporadisch abhielt, denn er erhält hierfür kein Schulgeld. Im August 1829 aber findet sich ein Lehrer, der sowohl dem Pastor Rudolphi als auch dem Schulephorus Ahrendt genehm ist.

„Eure Hochwürden geehrteste Zuschrift vom 14. August, ..., giebt mir die angenehme Nachricht, daß der bisherige Schullehrer Spehr zu Falkenhagen, entschlossen und bereit ist, die erledigte Schulstelle zu Gr. Rünz auf Michaelis anzutreten, und daß die dortigen Hauswirthe und Einwohner ihm mit Vertrauen und Hoffnung entgegenkommen. Da er seine Stelle zu Falkenhagen zu rechter Zeit gekündigt hat, so werden von dieser Seite ihm hoffentlich keine Hindernisse in den Weg gelegt werden, und würde die Anstellung desselben von dem Anfang der Winterschule, wie solche zu wünschen, statt finden können. ...“

Rudolphi hatte sich von der Geschicklichkeit und Unterrichtsmethode durch Hospitation in Falkenhagen überzeugt und auch Ahrendt hatte den jungen Spehr bei dessen Anstellung vor 6 Jahren eingehend geprüft. Er hat eine hohe Meinung von dem Anwärter auf die Stelle in Gr. Rünz: „Mit Vergnügen stimme ich daher der auf ihn gefallenen Wahl bei, und halte mich überzeugt, daß die Rünzer Schuljugend einen geschickten und treuen Lehrer in ihm finden werde.“

So wird denn Rudolphi gebeten die „Anstellung und Einführung desselben, so bald es die Umstände gestatten, der gewohnten Ordnung gemäß zu vollziehen. Wenn nämlich die nothwendigen Besserungen im Schulhause geschehen sind, so würden Sie die Güte haben, den zum Schullehrer in Rünz angenommenen und bestätigten Spehr, öffentlich und feierlich in Gegenwart der dazu bestellten Hauswirthe und Eltern, in der Schule zu seinem Dienste einzuweisen, mit zweckmäßigen Ermahnungen an Eltern, Kinder und an ihn selbst, zur gewissenhaften Erfüllung seiner Pflichten aufzufordern und der Liebe und Achtung aller Betreffenden zu empfehlen. ...“

Aber da ist noch etwas! Der interimistisch angestellte Franck, als Erbe seines Vaters, stellt Forderungen, die zur Schule gehörende Landwirtschaft betreffend. Ahrendt stellt es dem Pastor Rudolphi anheim, das „schwierige und mit manchen Verdrießlichkeiten verbundene Geschäft“ mit Umsicht und Menschenkenntnis durch gütliche Vereinbarungen zwischen dem abgehenden und dem antretenden Schulmeister zu beseitigen. Eine Abfindung für die Erben wird wegen des Ackerbaus, der mit Kosten verbunden ist, notwendig sein. Rudolphi soll einen „billigen Vergleich“ finden. Die Ernte gehöre selbstverständlich den Erben, welche die Saat bestellt haben. Stroh und Heufutter müssen aber bei der Stelle bleiben, auch der noch nicht in den Acker gebrachte Dünger. Es ist zwar bekannt, wie man in ähnlichen Fällen bei „Pfarrablieferungen“ verfährt. Da wird vom Nachfolger eine Abfindung gezahlt, evt. unterstützt aus der Kirchenkasse. Ahrendt stellt fest, daß „diese Principien aber bei der Schulstelle nicht anwendbar zu seyn (scheinen), da sie in der That für den Nachfolger sehr drükkend, und besonders dem Schulmeister bey seinen ärmlichen Einkünften unerschwinglich sind.“

Rudolphi soll den Vergleich zu Stande bringen, ohne daß erst „gerichtliche Einschreitungen dabey nöthig würden. Unverschämte Forderungen der Erben werden sich hoffentlich schon dadurch zurückweisen laßen, daß sie ganz unverdient sind, und der bisherige Schulmeister seine Pflicht nicht erfüllt hat, worüber noch weitere Ahndungen vorbehalten werden, wenn die Erben sich nicht in Güte wollen abfinden lassen.“ Er schließt seinen Brief mit dem Wunsch, daß die Angelegenheit „ohne unangenehme Weiterungen, zur Zufriedenheit beider Parteien abgemacht werden mögen.“

So ist also Spehr der künftige Schullehrer in Gr. Rünz und tritt seinen Dienst zu Michaelis 1829 an. Eine Schriftprobe von seiner Hand liegt den Akten bei. Demnach hat sich H. Jo. Spehr schon am 30. Dezember 1828 beworben. Er ist 43 Jahre an der Gr. Rünzer Schule tätig gewesen.

Auch Pastor Masch hatte schon bald nach seinem Amtsantritt

in Demern das Problem, die Schulmeister- und Küsterstelle neu besetzen zu müssen, denn der Küster und Schullehrer Ferthien, der sein Amt 54 Jahre in Demern versehen hatte, war am 9. Juni 1840 gestorben. Masch teilt den Todesfall dem Konsistorium am 10. Juni mit :

„ ... Gestern abend um 10 Uhr ist der Küster J.J.J. Ferthien nach einem kurzen Krankenlager sanft in dem Herrn entschlafen, nachdem er noch wenige Tage vor seinem Tode im Stande war, sein Amt in gewohnter und rühmlicher Treue zu verwalten ...".

Der Pastor veranlasst, dass der Schulmeister Spehr von Gr. Rünz bereits während der Krankheit Ferthiens den Kirchendienst in Demern versah. Er schlägt vor, die älteren Kinder in einer Religionsstunde zu unterrichten, woran die „Kleinen Antheil nehmen können". Im gleichen Schreiben bittet er, das Konsistorium möge Verfügungen treffen, die die künftige Besetzung der Stellen regeln. Man hatte es aber in Ratzeburg nicht sonderlich eilig, dem Mangel in Demern abzuhelfen, denn der Kirchendienst war geregelt und Schule war im Sommer ohnehin wenig.

So trifft denn erst mit Datum vom 3. Juli 1840 ein Schreiben von der „Consistorial-Commission des Fürstenthums zu Ratzeburg" ein, des Inhalts :

„Zu der gegenwärtig erledigten Küsterstelle zu Demern haben sich die Schulmeister Busch und Woisin resp. zu Mahlzow und Klein Mist (heute Neuleben) gemeldet. Da nun mit dem Amte des Küsters die Verwaltung der Schule vereinigt ist, so wolle Herr Pastor Masch geneigen, den dortigen Schulvorstand zu veranlassen, mit dem gesetzlichen Vorschlage dreier brauchbarer Subjekte, zur Wiederbesetzung der Stelle unverweilt hervorzugehen und dabei, nach vorgängiger Erkundigung über das bisherige Verhalten der beiden gedachten Bewerber, auf solche Rücksicht zu nehmen, - oder, was dagegen zu bedenken sein mögte, gehörig motiviert anzugeben."

Mit Datum vom 4. Juli sendet der Pastor aus Herrnburg einen Brief an Masch, in welchem er den erwähnten Schulmeister

Woisin aus Klein Mist wärmstens empfiehlt. Am 14. Juli schreibt Masch an die Konsistorialkommission und vermeldet, dass sich folgende Bewerber um die Stelle bemühen: 1. Johann Friedrich Ludwig Bohn, 2. J.H. Woisin aus Kl. Mist, 3. der Schulmeister Busch.

Pastor Masch favorisiert eindeutig Bohn, den er vom Domhof Ratzeburg kennt und als bescheiden und still charakterisiert. Auch hätte Bohn sich gut vorbereitet, wie sein Gesuchschreiben und Zeugnisse des Lehrers und Kantors der Ratzeburger Schule belegen.

Woisin wird, trotz des Empfehlungsschreibens des Herrnburger Pastors und entgegen den Wünschen des Schulvorstehers Heidmann, abgelehnt, da Woisin „... ein Mädchen, eine geborene Ahrens, geschwängert, hat sie nicht geheiratet, wohl aber einen anstehenden Prozeß mit ihr geführt, ward deshalb von der Schönberger Gemeinde nicht angestellt ...“.

Außerdem stimmt er, Masch, in „Ansehung der Weise, wie man eine Gemeinde zu Gott, unserem Herrn und Heiland führen soll“, mit den Predigern der Herrnburger und Selmsdorfer Gemeinde nicht überein. Und das könnte zu Verdächtigungen und Zweifeln an der Rechtgläubigkeit des Pastors Masch führen, weil Woisin dann „den Glauben in anderen Worten vorgetragen hört, als er es gewohnt ist“. Masch aber ist fair und teilt dem Konsistorium den Wunsch der beiden Schulvorsteher mit, den Woisin berücksichtigen zu wollen.

Schulmeister Busch, der sich bei Masch und den Schulvorstehern vorgestellt, kommt der Aufforderung, eine Schriftprobe abzugeben nicht nach und so ist es dem Pastor nicht möglich, „über Handschrift und Form der Darstellung vorläufig urtheilen zu können“. Seine Ausbildung scheint dürftig zu sein, „da ihm die hochdeutsche Sprache so wenig geläufig ist, daß er zuletzt ins Plattdeutsche verfiel“. Sein Gesuch an die großherzogliche Regierung hatte er sich von einem Advokaten schreiben lassen, vielleicht auch das an das Konsistorium.

„ ... Nebenbei sind zahlreiche Prozesse, die er mit der Dorfschaft geführt hat, wenn er sie auch gewann, keine Empfehlung seiner Weise, mit Leuten umzugehen, deren Wohlwollen er bedarf. Sein Gesuch kann von hier aus keine Unterstützung finden ...".

Es gibt noch eine Reihe von Bewerbern. Sie sind jedoch alle entweder zu jung, Ausländer oder zu unwissend. Einer dieser „Ausländer" ist der Schullehrer Matthiesen aus Utecht. Utecht gehört zu Lübeck, ist also Ausland, selbst wenn das Dorf in Schlagsdorf eingepfarrt ist und Matthiesen vom dortigen Pastor Arndt empfohlen wird. Aber Masch würde ihn „zur concurrenz zulassen", da seinen Schriftprobe und der dazu gewählte Text durch Schönheit und Exaktheit bestechen.

Neben einem Drechslergesellen, Joachim Frahm, der ein Urenkel des verstorbenen Ferthien ist, „Ausländer" aus Eutin, bewirbt sich auch der Schulmeister Schulz, ein Mirower Seminarist aus Broda, kein „Ausländer", da aus Mecklenburg-Strelitz, mit guten Empfehlungen. Vielleicht kamen beide Bewerbungen zu spät, denn sie datieren vom 2. und 24. August und die Auswahl kann mit dem Schreiben vom 14. Juli wohl als getroffen angesehen werden. Immerhin hatte Woisin einige Aussichten, denn am 8. September schreibt das Konsistorium an Masch:

„ ... daß die unterzeichnete Behörde ... unter den drei Bewerbern ... dem Schulmeister Woisin aus Klein Mist den Vorzug zu geben nicht umhin kann. - Da indeß der Herr Pastor sich gegen diesen Mann entschieden erklärt hat, so erscheint die Anstellung des Ludwig Bohn angemeßener. Wird nun der Herr Pastor bei seinem Widerstreben beharren, so soll zur sofortigen Besetzung der Stelle die erforderliche Einleitung getroffen werden".

So wird denn Bohn „zwecks Aufnahme und Instruktion" vorgeladen. Sein Examen fiel zur Zufriedenheit aus, und er wird zu Michaelis 1840 eingestellt. Sein Gelöbnis und Versprechen datiert vom 11. Oktober.

Wer war nun dieser Schulmeister Bohn und was hatte Masch bewogen ihn gegenüber den anderen Bewerbern so energisch durchzusetzen?

Johann Friedrich Bohn wurde am 8. Juni 1817 auf dem Domhof Ratzeburg geboren. Sein Vater war Fischer, aber da er recht kränklich war, wurde er Schustermeister auf dem Domhof, wo er 1826 stirbt. Ludwig Bohn besucht die Domschule und lernt Latein und die Anfangsgründe des Griechischen. Sein Klassenkamerad und Schulfreund war der spätere Domprobst Rußwurm. Mit 15 1/2 Jahren wird er durch den Konsistorialrat Genzken konfirmiert und besucht noch ein Jahr lang die Domschule. Dann stirbt seine Mutter und er muss seinen Lebensunterhalt bei „mehreren angesehenen Herrschaften" suchen. Zuletzt ist er Diener beim Landdrosten v. Drenckhahn in Schönberg. Mit diesem reist er im Sommer 1838 nach Marienbad, wo v. Drenckhahn eine Kur in Anspruch nimmt. Auf der Rückreise besuchen sie Dresden, wo die Kunstsammlungen, besonders die des Grünen Gewölbes, den jungen Bohn stark beeindrucken.

Mit der gerade eröffneten Eisenbahn fahren sie von Dresden nach Leipzig und dann mit der Postkutsche nach Berlin, wo sie auch einige Zeit bleiben. Im v. Drenckhahnschen Hause lernt Bohn seine spätere Frau kennen, die er dann bald nach seinem Dienstantritt in Demern heiratet.

Aus der Ehe gehen 6 Kinder hervor. Ein Sohn ist der um die Jahrhundertwende in Lehrerkreisen hochgeschätzte Physikmethodiker Heinrich Bohn (geb. 1858 in Demern, gest. 1936 in Rethwisch bei Doberan), welcher durch seine Mitarbeit an „Schmeils naturwissenschaftlichem Unterrichtswerk" und durch die „Sammlung physikalischer Aufgaben", welche beide bei Quelle & Meyer in Leipzig erschienen, bekannt wurde. Er war Professor und Studienrat am Dorotheenstädtischen Realgymnasium in Berlin.

Der Demerner Schulmeister Ludwig Bohn feierte 1890 sein 50. Dienstjubiläum in Anwesenheit seines alten Freundes Domprobst Rußwurm. Er war ein von seinen Schülern und den Demernern überhaupt hochverehrter und geachteter Lehrer. Sein Sohn Heinrich sagt über ihn aus: „... Er überragte seine Berufsgenossen, die ja größtenteils aus dem Handwerkerstand hervorgegangen waren, an Vorbildung bedeutend. Er war, für damalige Verhältnisse, ein tüchtiger Lehrer und hatte eine gute Schulzucht. Neben der Arbeit in Feld und Garten trieb er Bienenzucht, im Blumengarten zog er Georginen für den Verkauf. Er hatte aber auch manche Liebhaberei, so sammelte er Münzen und Siegel, Briefmarken und Versteinerungen."

Pastor Masch hatte also mit der Wahl des Küsters und Schulmeisters einen guten Griff getan. Bohn hat in Demern segensreich gewirkt, wie viele Zeugnisse bis heute belegen. Das alte Schulhaus, das 1863/64 erbaut wurde, nachdem das erste Küster- und Schulhaus abgebrannt war, steht noch heute. Und wie alle Schulhäuser auf den Dörfern „im Schatten der Kirche", nämlich nördlich derselben.

Ludwig Bohn starb am 6. Juni 1893 in Demern. Sein Grabstein findet sich in der hinteren rechten Ecke des Kirchhofes unter zwei großen Eiben.

Schulzwang

Vom 19. bis 30. Mai 1767 ließ Adolph Friedrich, Herzog zu Mecklenburg (Strelitz) durch seinen Superintendenten Andreas Gottlieb Masch, den Großvater des Demerner Pastors, im Fürstentum Ratzeburg eine Kirchen- und Schulvisitation durch führen. Dabei kamen eine Reihe „Mängel und Gebrechen" zum Vorschein. Die Folge war, das Herzog Adolph Friedrich mit Datum vom 9. Oktober 1769 ein „Herzoglich Mecklenburgisches Reglement für die Landschulen im Fürstentum Ratzeburg" veröffentlichen ließ, welches als Gründungsurkunde für ein geregeltes Schulwesen in unserer Gegend angesehen werden kann.

„Da Wir es Uns zu einer Landesväterlichen Pflicht machen, nicht allein für die leibliche Wohlfahrt Unserer Unterthanen zu sorgen, sondern auch fürnemlich, weil alle Unsere Unterthanen, auch die geringsten unter denselben, zu dem Reiche Gottes gehören, und ihre Seelen theuer erlöst worden, dahin Unsere Landesväterliche Vorsorge zu verwenden, daß unter Unsern Unterthanen das Christenthum bestmöglichst befördert werde, zumahlen gute Christen allezeit glückliche und gute Unterthanen sind:

Und dann zur Bildung eines guten Christen hauptsächlich die Unterrichtung der Jugend und die Furcht des Herrn erfordert wird; So haben Wir, ... , gnädigst beschlossen, das Schulwesen auf dem Lande Unsers Fürstenthums Ratzeburg aufs möglichste dergestalt zu unterstützen, daß das Reich Gottes dadurch befördert, und den Eltern erleichtert werde, ihre Kinder im Christenthum unterweisen zu lassen; in welcher Absicht Wir nicht allein Unsern Ehrn Superintendenten die Oberaufsicht über sämmtliche Schulen, wie ihm selbige vi officii ohnehin gebühret, aufs gnädigste anbefehlen, sondern auch Unserm Probst und Assessori Consistorii in Ratzeburg, Ehrn Carl Albert Nauwerk die specielle Aufsicht über die Schulen anvertrauen, auch eine eigene Schulcasse errichten lassen werden, aus welcher die, im nöthigen Falle, erforderlichen Unkosten genommen werden sollen. Wir haben also gnädigst gut befunden, folgendes REGLEMENT zur genauesten Befolgung bekannt zu machen, und befehlen hiedurch gnädigst, daß die Inspectores der Schulen, die Ehrn Pastores, Schulmeister und sämmtliche Unterthanen sich darnach genau achten sollen : Gestalten dann Unsern sämmtlichen Gerichten Unsers Fürstenthum Ratzeburg, Kraft dieses aufgegeben wird, fals sich bey diesen, zum Nutzen des Reiches Gottes, auch zeitlichen und ewigen Vortheile der Unterthanen abzielenden Antalten, Widerspänstige finden, sie sogleich ohne Anfrage nach dem Schul=REGLEMENT verfahren, und diejenigen, welche aus Bosheit ihr und ihrer Kinder eigenes Wohl nicht erwählen wollen, von Amtswegen dazu anhalten, auch den Schulmeistern, besonders nach gebührender Anzeige von den Predigern jeglicher Gemeine, allen erforderlichen Beystand leisten sollen. ...“

In sechs „Hauptstücken“ wird nun genau erläutert, wie das Schul-REGLEMENT anzuwenden ist. Das erste Hauptstück beschäftigt sich mit der Schulkasse. Aus der Einsicht heraus, daß die „Einrichtung des gesammten Schulwesens“ durch die Armut der Bevölkerung erschwert oder gehindert werden kann und zur „Bedrückung derer, die eigentlich Armen sind“ führt, insgesamt also „mancherlei Ausgaben erfordert. ... so haben Wir eine gewisse Summe aus den Einkünften der sämmtlichen piorum corporum Unsers Fürstenthums Ratzeburg angewiesen, welche zur Unterstützung des Schulwesens Unsers besagten Fürstenthums angewendet werden sollen. .... Aus welcher Casse dann die in folgenden anzuführenden Ausgaben bestritten werden, hingegen außerordentliche Ausgaben wollen Wir in jedem vorkommenden Falle nach Befinden der Umstände specialiter verordnen, und solchergestalt dasjenige, was gottselige Stiftungen in vorigen Zeiten gewesen, zur Beforderung der Gottseligkeit anwenden lassen.“

Das zweite Hauptstück handelt „Von den Schulhäusern und den Beneficien der Schulmeister“. Es wird angewiesen, daß im ganzen Fürstentum eigene Schulhäuser oder für die Schulmeister bestimmte eigene Wohnungen errichtet werden, die sie, solange sie im Schulamt sind, zu bewohnen haben. In voneinander entfernter liegenden Dörfern sollen diese Schulen, falls noch nicht vorhanden, neu gebaut werden. Sind die Dörfer nur klein oder liegen sie nahe beieinander, so „sollen mehrere Dörfer zu einer Schule angewiesen werden; wobey aber besonders darauf gesehen werde, daß die Schule in dem Dorfe, so etwa unter mehreren in der Mitte lieget, angeleget werde“.

Vorgeschrieben werden für die Schulhäuser 2 Stuben. Die größere für die Schule, die kleinere, ergänzt durch Kammern und etwas Stallraum, für die Hauswirthschaft des Schulmeisters. Bereits in den Dörfern vorhandene Schulhäuser, die zu klein oder aus anderen Gründen untauglich zum Schulehalten bzw. für die Bedürfnisse das Schulmeisters sind, sollen durch Anbauten entsprechend eingerichtet werden. Dabei, wie auch bei den Schulneubauten, haben die Gemeinden nur Hand- und Spanndienste zu leisten, für die Geldausgaben kommt die Schulkasse auf. Die Rechnungsführung liegt in den Händen der Pastoren.

In diesem Hauptstück wird auch ein wichtiger Teil der Versorgung der Schulmeister geregelt: „Jeglichem Schulmeister soll von der Freyheit der Commune ein Platz zum Garten von 25 Quadratruthen Lübecker Maaß angewiesen und von der Commune bewehret werden, wobey selbige die Hand- und Spanndienste verrichtet; und übernimmt hernach der Schulmeister die jährliche Unterhaltung."

Der Lehrer erhält die Weidefreiheit für eine Kuh, ein Schwein und bis zu 6 Schafen, muß aber den Hütelohn nach ortsüblichem Satz zahlen. Hat der Hirte schulpflichtige Kinder, so braucht der Schulmeister keinen Hütelohn zu zahlen, die Kinder des Hirten zahlen dann aber auch kein Schulgeld. Es ist ebenfalls festgelegt, dass die Eltern der schulpflichtigen Kinder je ein Fuder Holz zu geben haben, oder, wo dieses nicht vorhanden ist, ein Holzgeld zahlen müssen. Armen ist das Holzgeld erlassen, es wird aus der Schulkasse gezahlt.

Den Schulmeistern ist es gestattet, „ein ehrliches Handwerk zu treiben". Da sie diesem während der Schulzeit nicht nachgehen können, wird ihnen nur die Hälfte der Handwerkssteuer auferlegt. Sie brauchen keine Kopfsteuer zu zahlen und sind vom Hofdienst befreit. Auch ist ihnen die Viehsteuer erlassen. In einer Verordnung vom 9. Juni 1790 wird zur Viehsteuer ergänzt, daß auch die Bienen zum Vieh zu rechnen sind und nicht besteuert werden.

Wer Schulmeister werden durfte, das wird im dritten Hauptstück, „Von der Bestellung der Schulmeister", geregelt und festgelegt: „Es soll indessen bey Annehmung eines Schulmeisters fürnemlich darauf gesehen werden, 1) Daß er einen unbescholtenen und christlichen Wandel führe und einsehen könne, wie viel ihm auf sein Gewissen gebunden sey, indem ihm die Unterweisung so vieler Kinder anvertrauet werde, deren zeitliches und ewiges Wohl von der ersten Unterweisung der Jugend abhänget. 2) Daß er ein Handwerk habe, so mit der Schulmeisterei bestehen könne, auch daß er nicht mit Geschäften, die sich zum Schulwesen nicht schicken, als Bierfideln und dergleichen, etwas zu erwerben. 3) Daß er vermögend sey, die Kinder im richtigen Buchstabieren und Lesen zu unterweisen und also selbst richtig lesen könne; wobey sehr gut seyn würde, wenn derselbe auch schreiben und rechnen könne."

Wenn der örtliche Pastor nach gehöriger Unterweisung des zukünftigen Schulmeisters der Meinung war, den richtigen Kandidaten für das Schulamt gefunden zu haben, so wurde er durch den Probst, wenn der Superintendent anwesend sein sollte, durch diesen, geprüft und eingesetzt. „... kein Schulmeister soll sich also des Schulhaltens eigenmächtig anmaassen, oder vom Pastor ohne Vorwissen des Probstes angenommen, auch von diesem kein Schulmeister ohne Vorwissen und Beistimmung des Ehrn Pastoris loci gesetzet werden. Im fall sich aber bereits Schulmeister eingeschlichen, die obige requisita nicht haben, oder nachläßig und faul in ihrem Amte, oder in einer unanständigen Lebensart gerathen seyn mögten, so soll . . . derselbe sogleich seines Dienstes entsetzet werden." Hirten, die im Sommer das Vieh zu hüten haben, Frauen der Tagelöhner oder anderen, die sich „eigenmächtig zu Schulhaltern aufwerfen" wurde es nicht gestattet, Schule zu halten.

Umfangreich ist das vierte Hauptstück, das „Von der Schularbeit und der Unterweisung der Jugend" handelt, wie auch das „Von den Schulkindern, der Zeit des Schulgehens und dem Schulgelde" betitelte fünfte.

Im sechsten Hauptstück wird die Schuladministration geregelt. Die Oberaufsicht hat das Konsistorium, es folgt der Superintendent, bei dessen Abwesenheit der Probst die nötigen Geschäfte verwaltet. Da Superintendent Andreas Gottlieb Masch in Neustrelitz amtierte, hatte also Probst Nauwerck vom Domhof Ratzeburg aus die Schulgeschäfte zu leiten. „... die erste Aufsicht aber gebühret dem Ehrn Pastori jeglichen Ortes, als dessen Pflicht es ist, um so viel mehr für die Unterweisung der Jugend zu sorgen, je mehr das Predigeramt in einer Gemeinde glücklich geführet wird, wann die Jugend wohl unterwiesen worden.“

Worauf hatte die Schulaufsicht besonders zu sehen ?

„Ob die Schulmeister treu und fleißig sind im Amte ...“ und sich an die ihnen gegebenen Instruktionen und das Schulreglement halten.

„Ob die Schulmeister selbst einen Lebenswandel führen, der mit dem Endzweck ihres Amtes übereinstimmet, und sie sich selbst als Muster der ihnen anvertrauten Herde darstellen können?“

„Ob die Schulmeister auch in der Bestrafung des Muthwillens und Ausübung der Schulzucht entweder zu nachläßig, oder auch darin zu weit gehen? ... „ Der Gebrauch eines „mäßigen Stockes und einer Ruthe“ wird zugestanden, doch ist „alles grausame Wüthen, Schlagen an den Kopf, Ohrfeigen geben, auch der Gebrauch aller Schimpf- und Scheltworte, die oft die Ehre der Eltern verletzen, untersagt.“

„Ob die Schulhäuser im baulichen Stande sind?“ - Die Pastoren haben im Herbst mit den Kirchenvorstehern zusammen eine Schulbegehung zu machen und alle Mängel anzeigen. „... die Ehrn Pastores (sollen) ihre Schulen fleißig besuchen, jedesmal die Kinder examieren, damit sie von dem Zunehmen der Kinder unterrichtet werden; ...“ - dabei sollen die Eltern, die ihre Kinder nicht zur Schule schicken, ermahnt, und nützt dieses nicht, beim Probst zur Anzeige gebracht werden. „Unser Ehrn Probst Nauwerk soll jährlich einmal die Schule besuchen, damit er von allen selbst unterrichtet werde, und um so viel mehr im Stande sey, den vorkommenden Mängeln abzuhelfen.“

Schließlich wird eine Generalvisitation angekündigt, bei der die Wirksamkeit des Schulreglements und seine Einhaltung zu überprüfen sei. Besonders wird betont „... da denn die halsstarrigen Eltern, welche ihre Kinder, ob es ihnen gleich so leicht gemacht worden, dennoch nicht zur Schule halten wollen, annoch besonders dem Gerichte angezeiget, und mit gebührender besonderer Bestrafung dem Befinden nach beleget werden sollen."

So war denn im Fürstentum Ratzeburg dafür gesorgt, daß Ordnung in das Schulwesen kam. Mit dem „Herzoglich Mecklenburgischen Reglement für die Landschulen im Fürstenthum Ratzeburg" vom 9. Oktober 1769 lag eine für die damalige Zeit progressive Schulordnung vor, die bis weit in das 19. Jahrhundert hinein, immer wieder ergänzt und den Erfordernissen angepaßt, ihre Gültigkeit behielt.

Konsequent durchgesetzt

Der Schulvorsteher Burmester aus Schaddingsdorf bringt den Tagelöhner Böttcher daselbst zur Anzeige, da dieser seine Kinder Marie und Jochim nicht zur Schule schickt. Diese Anzeige nimmt der Schulmeister Ferthien auf und leitet sie an das Justizamt der Landvogtei des Fürstentum Ratzeburg in Schönberg weiter. Und so lautet sein Schreiben:

„Auf Verlangen des Schulvorstehers Mstr. Burmester zu Schaddingsdorf zeigen hierdurch an wie viel den Tagelöhner Böttcher daselbst seine Kinder in der Sommerschule gewesen sind, nämlich die Tochter Marie von 14 - 15 Jahren welche noch nicht buchstabieren kann 21 Tage, der Sohn Jochim von 7 Jahr 17 Tage, in der Winterschule noch keiner. Demern d. 13ten April 1835. J.J.J. Ferthien"

Daraufhin wird dem Schulvorsteher Burmester mit Schreiben vom 12. Mai 1835 aufgegeben, sich wegen der „pflichtvergessenen" Eltern an den Schulinspektor zu wenden, der mit dem gesamten Schulvorstand „die Abstellung der gerügten Pflichtwidrigkeit“ zu bewirken hätte. Der Schulvorstand soll darüber und über die getroffene „Maaßregeln“ berichten und evt. „solche durch gerichtliche Mitwirkung in Ausführung“ bringen.

Schulinspektor ist der Pastor Rudolphi in Demern. Die Abschrift seines Schreibens an das Justizamt der Landvogtei in Schönberg ist undatiert, wird aber wohl auch vom Mai 1835 stammen, denn Rudolphi handelte immer prompt. Er bezieht sich auf den § 11 der Schulordnung vom 15. März 1834, die ab dem 1. Mai desselben Jahres in Kraft trat:

„Versäumnisse der Schule, ohne gültige Entschuldigung, sollen allemal gerügt werden, und zwar, wenn die Schuld die Kinder trifft, und wiederholte Ermahnungen nicht gefruchtet haben, durch angemessene Züchtigung derselben. Trifft die Schuld aber die Vorgesetzten des Kindes, so hat der Schulvorstand selbige vor sich zu laden, und ihre Gleichgültigkeit gegen gute Einrichtungen ihnen zu verweisen, im Wiederholungsfalle aber sie in eine Geldstrafe von Vier Schillingen bis zu einem Rthlr. für jeden versäumten Schultag, zum Beßten der Freischulcasse zu nehmen.

Das Justizamt der Landvogtey in Schönberg hat, auf Anzeige des Predigers, als ersten Mitgliedes des Schulvorstandes, diese erkannten Strafgelder ungesäumt executorisch beitreiben zu lassen, gegen unvermögende Condemanten aber angemessene sonstige Strafe zu verfügen.“

Rudolphi berichtet, daß der Schulvorstand die Eheleute Böttcher vor sich geladen hätte, um sie „nach Masgabe der Versäumniße zu bestimmende Geldstrafe zu verurtheilen“. Er würde dem Justizamte anzeigen, wenn die Verurtheilung geschehen sei, und daß das Amt dann die Strafe vollstrecken könne. Im Falle die Böttcherschen Eheleute sich nicht vor dem Schulvorstande einfinden sollten, würden sie erneut eingeladen und dabei „ausdrücklich bedroht werden müssen, wie sie in Strafe verfallen würden, wenn sie abermahls ausbleiben sollten“.

Die „Pflichtvergessenen“ sind dann doch vor dem Schulvorstand erschienen, kamen aber mit einer scharfen Ermahnung davon. Sicher haben sie sich „einsichtig gezeigt“ und das wird den Vorstand milde gestimmt haben. Mit großer Wahrscheinlichkeit wird Pastor Rudolphi nicht versäumt haben, von der Kanzel herab den Vorfall der Gemeinde bekanntzumachen. Zur Warnung und Abschreckung gewiß, denn Vorfälle dieser Art kommen später nur noch ganz selten vor.

Schulbericht 1855

Zu den Pflichten des Pastors gehörte es, in seiner Eigenschaft als Schulinspektor und damit Vorgesetzten seiner Schulmeister, jährlich einen Bericht über die abgelaufene Schulzeit zu geben. Dieser war nach Ostern fällig, wenn die Winterschule beendet war. Pastor Masch zögerte das Schreiben dieses Berichtes, der bei ihm immer recht umfangreich ausfiel, meist etwas hinaus, was ihm gelegentlich eine freundliche Ermahnung seiner Vorgesetzten im Ratzeburger Konsistorium eintrug. Er wurde dann auch bald nachgereicht, begleitet mit einem Schreiben, dass für die Verzögerung um Entschuldigung und Verständnis bat. Pastor Masch hatte ja soviel anderes zu schreiben und zu erledigen, wenn man nur an seine umfangreiche wissenschaftliche Arbeit und die damit verbundene Korrespondenz denkt, die ihm bekanntlich den Ruf als, neben Lisch, wichtigstem mecklenburgischen „Altertumsforscher“ des 19. Jahrhunderts eintrug.

Der Bericht ist am 22. Juni 1855 geschrieben worden und umfaßt den Zeitraum von Ostern bis Michaelis 1854 und von Michaelis 1854 bis Ostern 1855, also die Sommerschule 1854 und die Winterschule 1854/55. Er behandelt die zur Gemeinde Demern gehörende Küsterschule Demern, die von den Kindern aus Demern, Schaddingsdorf, Röggelin und dem „schwerinschen Dorfe“ Woitendorf besucht wurde, sowie die Schule in Groß Rünz, wohin auch die Kinder aus Klein Rünz eingeschult waren.

Die Sommerschule in Demern wurde im Berichtszeitraum von 78 Kindern besucht, die Winterschule von 81. In Gr. Rünz waren es im Sommerhalbjahr 51, im Winterhalbjahr 53. Das zeugt doch von einem eifrigen Schulbesuch in beiden Einrichtungen, denn die geringen Differenzen zwischen Sommer und Winter erklärt Masch in seinem Bericht als durchaus verständlich, weil bedürftige Eltern, namentlich die Tagelöhner, ihre Kinder als Mitverdiener gebrauchten. Wie er unter der Rubrik III., Schulbesuch, begründet. Ausgeglichen wird das Zurückbehalten der größeren Kinder „im Betrieb ihrer Wirtschaft“ durch die Teilnahme auch kleinerer Kinder an der Sommerschule, die es den Frauen der Tagelöhner ermöglichte, „die Arbeit sich zu suchen, deren Lohn die Familie bei den jetzigen theuren Zeiten zu ihrem Unterhalt nicht entbehren kann“. Und Masch berichtet weiter: „Überdies trat auch, wie die Tabelle nachweiset, eine große Anzahl derselben in Dienste, wogegen sich nichts einwenden läßt, denn dadurch werden sie für ihr ferneres Fortkommen ausgebildet.“

Ein relativ kurzer Abschnitt ist dem Zustand der Schulhäuser gewidmet. Masch stellt fest, dass die Schulstube in der Küsterschule zu Demern für die Schülerzahl ausreichend groß sei, „wenngleich ein größerer Raum zu wünschen wäre, der jedoch nicht ohne größeren Umbau zu errichen ist“. Das Schulmobiliar sei ausreichend. Vom Schulhaus in Gr. Rünz heißt es, dass dieses in einem sehr guten und zweckmäßigen Zustand sei, da es 1853 gründlich renoviert wurde.

Immer wieder tauchen in den alten Unterlagen aus dem Pfarrarchiv Nachrichten über Freischüler auf. Das erste Hauptstück des „Herzoglich Mecklenburgischen Reglements für die Landschulen im Fürtenthum Ratzeburg“ von 1769 beschäftigt sich mit der Schulkasse. Sie sollte unter anderem dazu dienen, die „Bedrückung derer, die eigentlich Armen sind“ zu lindern, ihnen helfen, die Schulkosten zu bezahlen, bzw. es ermöglichen, daß überhaupt keine Schulgelder von diesen gezahlt zu werden brauchten.

Nach Maschs Bericht von 1855 erhielt die Gemeinde Demern aus der Schulkasse den Betrag von 22 Reichtalern und 22 Schillingen. Der Pastor richtet davon 20 Freistellen ein, 15 in Demern und 5 in Gr. Rünz. Zwei weitere arme Kinder benötigen ebenfalls eine Unterstützung. Diese, so schlägt Masch vor, soll aus den Zinsen der Freischulkasse, „welche bei der Schweriner Ersparnißanstalt erlegt sind“ gezahlt werden. In die in jedem Jahr freiwerdenden Stellen rückten jeweils andere Bedürftige nach. Es wurde also etwas getan, um die Not im Lande zu lindern und auch bei den Ärmsten einen zeitgemäßen Bildungsstand zu erreichen.

Schulvorsteher waren im Berichtszeitraum bereits seit längerem bewährte Einwohner. Es waren dies der Hauswirt Peter Robrahn in Demern und der Tischlermeister Burmeister aus Schaddingsdorf. Der Hauswirt Burmeister aus Gr. Rünz war Schulvorsteher der Rünzer Schule. Pastor Masch bescheinigt ihnen, daß sie an allen Schulangelegenheiten regen Anteil nehmen und ihre Aufgabe treu erfüllen.

Auch über die Arbeit der Schullehrer wird berichtet. Sie waren ja das Wichtigste in der Schularbeit. Johann Friedrich Ludwig Bohn war Küster und Schulmeister in Demern. Im Bericht 1855 schreibt sein Vorgesetzter: „Der Küster Bohn hat sich vielerlei Kenntnisse von vielerlei Dingen erworben, und ist eifrig bemüht, den Umfang derselben zu vergrößern und für die Kinder zu Nutzen zu machen. Seine Lehrweise hat in der Reihe von Jahren, in welcher er seiner Schule treu und mit Eifer dient, bedeutend an Ruhe gewonnen, und es sind ganz gut vorbereitete und richtig unterichtete Kinder in überwiegender Anzahl aus seiner Schule zum Confirmandenunterricht übergegangen. Eine fest entwickelte Lehrmethode hat er freilich noch immer nicht, und seine Lebendigkeit läßt ihn oft schneller weitergehen, als für die Gründlichkeit förderlich ist. Im Allgemeinen aber kann ich ihm nur ein recht gutes Zeugnis geben. ... Seine Schulzucht ist liebevoll und verständig." Auch Schullehrer Spehr kommt im Bericht sehr gut davon. „Seine Schüler lesen gut und haben den Catechismus mit dem Gedächtnis treu aufgefaßt."

Es folgt eine Darlegung zum Unterricht, der an beiden Schulen in den üblichen drei Abteilungen gehalten wurde, und die Aufzählung der Fächer mit der dafür vorgesehenen Stundenzahl: Katechismus 5 (2), Bibellesen 1, Biblische Geschichte 2, Schönschreiben 7 (4), Rechtschreiben 2 (nur für Abteilung I), Rechnen 3 (2), Kopfrechnen 2 (nur für Abteilung I und nicht in der Sommerschule), Verstandesübung 1, Gedächtnisübung 3 für Abt. I, 5 für Abt. II und 8 für Abt. III (in der Sommerschule I und II je 1, III 4, Lesen 2 (I), 8 (II), 10 (III) (in der Sommerschule jeweils 1, 2 und 5 Stunden), Gesang nur in der Winterschule für alle Abteilungen 2 Stunden in der Woche. So hatte die Winterschule einen Umfang von 30 , die Sommmerschule nur von 15 Wochenstunden.

Die Abteilung III, das waren die Kleinen. Da wurde also sehr das Gedächtnis trainiert und das Lesen geübt. Eine durchdachte Planung für jene Zeit. Und man war doch schon recht weit von den Anweisungen des „Schulreglements" von 1767 entfernt, wo das Erlernen des Schreibens und Rechnens noch zu den Sonderunterweisungen gehörte, was dem Schulmeister extra vergütet werden mußte.

Die Küsterschule in Demern hatte, so geht es aus Maschs Bericht hervor, eine Besonderheit gegenüber anderen Schulen in Mecklenburg-Strelitz, erst recht gegenüber den Schulen in Mecklenburg-Schwerin: „Durch die Betriebsamkeit des Küsters Bohn hat die hiesige Schule eine Lesebibliothek bekommen, welche in mehreren Bändchen die gangbarsten Jugendschriften, älteren wie neueren, enthält. Sie wird von den meisten Kindern, wie auch während des Winters von den Eltern fleißig genutzt und da ein geringer Beitrag für diese Benutzung gezahlt wird, so fehlt es nicht ganz an Mitteln, sie zu vermehren. Um jedes Buch als Eigenthum der Schule zu bezeichnen, ist es mit dem Kirchensiegel gestempelt.“ Sie wirkten Gutes in der Gemeinde, der Pastor und sein Küster/ Schulmeister!

Zu Weihnachten gab es seit 1845 in Demern ein Kinderfest. Auch darüber steht im Bericht geschrieben. Die Mittel dazu werden durch Spenden aus der Gemeinde aufgebracht. Das Fest begann 1854 mit einem Weihnachtsgottesdienst in der Kirche, wobei sich die Kinder um den Altar und im Hauptgang zwischen den beiden Kirchenbankreihen aufstellten. Die Kinder singen das Kirchenlied „Wie soll ich dich empfangen“, Pastor Masch hält eine Andacht, ein Kind liest aus der Bibel (Jessaja 11/1-5), die Gemeinde singt, ein anderes Kind rezitiert das Evangelium Luca, die Weihnachtsgeschichte (Luca 2/ 1- 15). Ein richtiger Weihnachtsgottesdienst also, nur mit dem Unterschied, daß die Darbietungen der Kinder im Mittelpunkt stehen und diese nach der Feier in die Schulstube ziehen. Hier brennt ein Weihnachtsbäumchen und auf den Tischen stehen Gaben für jedes Kind. „Diese bestehen aus Kleidungsstücken, Schulutensilien und etwas Backwert (Buntbrot) und dergl. und wurden sie theils vom Pächter, Prediger und Küster, theils aus den dazu eingehenden Gaben der Gemeinde, wozu sie am III. Advent nach dem Gottesdienste von mir aufgefordert wird, mit dem Bemerken, daß es doch eine freie Liebesgabe sey. ... Und es ist wahrlich ein gut und nachdenklich Zeichen daß eigentlich keiner, selbst die ärmeren, selbst die, welche keine Kinder in der Schule haben, zurück steht.“

Diese Beschenkung der Kinder, und das wissen Pastor und Küster, blieb nicht ohne Einfluß auf den regelmäßigen Schulbesuch und den Lerneifer der Kinder, wurde doch auch etwas unterschieden nach „Fleißigen und Faulen“. Masch verschweigt in seinem Bericht auch nicht die Mühe und Umsicht des Küsters bei der Verteilung der Gaben, wie auch beim Einsammeln und Verwalten der Spenden. Listen solcher Kinderbescherungen sind erhalten und geben Auskunft, was denn den Kindern geschenkt wurde: So wurden 1853 12 Reichtaler und 23 Schillinge gespendet und davon für den gleichen Betrag Papier, Umschläge, Löschblätter, Stahlfedern, Tücher, Tafeln, Missionsschriften, Federkästen (Penale), Griffel, Puppen, Bilderfibeln, Tuschkästen, Federhalter, Bleifedern (=Bleistifte), Stecknadeln, Scheren, Knöpfe, Westen, Geldbörsen, Spiegel, Wachsbildchen, div. Spielzeug, Handschuhe, Nähkästchen, aber auch Eßbestecke, Kästchen und Schachteln eingekauft. Das alles wurde nach Verdienst verteilt, wobei die 20 Taschenmesser, die mit auf der Liste stehen, wohl besonders begehrt waren. Jedes Kind wurde mit dem gebräuchlichen Schulmaterial, Schreibheft, Bleifeder, Griffel oder Federhalter und Stahlfeder beschenkt. Dazu kam Buntbrot (wohl Pfefferkuchen) und in manchen Jahren bei besonders bedürftigen Kindern auch ein Kleidungsstück. So erhalten manche Jungen eine Hose oder Weste, die Mädchen eine Schürze. Marie Riekhof, von deren späterem, tragischem Schicksal bereits berichtet wurde, erscheint 1847 auf der Liste der zu Beschenkenden. Sie erhielt neben Schulmaterial eine Schürze. Auch in der Rünzer Schule hat es diese Weihnachtsbescherung gegeben.

Gewissenhaft hat Pastor Masch über seine Schulen berichtet. Er konnte stolz auf diese Einrichtungen sein, die sich unter seiner Aufsicht und Anleitung, durch die gute Arbeit seiner beiden Schulmeister zu vorbildlichen Bildungsstätten für das Fürstentum Ratzeburg entwickelt hatten. Das wird ihm auch anlässlich mehrerer in seiner Amtszeit stattfindenden Revisionen bestätigt. Spehr und Bohn erhielten mehrfach Anerkennungsschreiben vom Konsistorium, Masch wurde oft gelobt für sein Wirken um die Schularbeit in seiner Gemeinde.

Die Schule brennt

Der Sohn des Schullehrers und Küsters Ludwig Bohn, der spätere Physikmethodiker Professor H. Bohn, Berlin, war knapp 4 Jahre alt, als das Küsterhaus in Demern abbrannte. Er erinnert sich in seinem Aufsatz „Mien Läben und Wirken“ in den „Mitteilungen des Heimatbundes für das Fürstentum Ratzeburg“, November 1928:„Als ich 3 1/2 Johr olt wier, denn brennt uns' Hus af, ok Heitmann sien ganz Gewäs - nu wahnt Wilhelm Robrahn dor - un de Katen güngen mit up. Ich weit mi dat noch tau besinnen. Abends sall ick seggt hemm : ‘O Mudder, bien Veihus harst du stahn süllt, dor sei dat äöwer schön ut !' De Niebu wohrte ein ganzes Johr. Wi harn ‘ne gaude Ünnerkunft funnen, wie wahnten up'n Preisterhof in Melkhus un Backhus. Schaul wür in'n Melkenkeller afhollen. Ick leig dat ganze Johr bi Fru Pastorin Masch un Mamsell Viereck in Hus un Goren. ... „

Unter den Papieren vom Pfarrhausboden finden sich Schriften, die von dem Brand, vor allem aber vom Neubau des Küsterhauses zu Demern berichten: „Durch die gestrige Feuersbrunst auf dem Heitmannschen Gehöft ist auch das hiesige Küsterhaus niedergebrannt. Ganz gehorsamst ersuche ich das großherzogliche Domainen-Amt, es wolle geneigen baldigst die Veranstaltung des Neubaus dieses Gebäudes in Angriff nehmen zu wollen, damit mit der Anfuhr der Fundamentsteine begonnen werden kann, indem die Bauern jetzt die meiste Zeit dazu haben. Verehrungsvoll, Demern 8 t Mai 1863, ganz gehorsamst Carl Masch.“

So meldete Pastor Masch das Unglück und drängte auch sogleich zum Wiederaufbau bzw. Neubau des Küsterhauses, das ja auch die Schulstube enthielt. Schon am 23. Juli 1863 wurde aus Schönberg mitgeteilt: „Für den Neubau des Küsterhauses in Demern ist der Kalk per Boot in hiesigem Hafen angekommen. Es sollen 183 Tonnen nach Demern angefahren und dort gelöscht werden. Der verehrliche Kirchenvorstand wolle eiligst im Kirchendienst die erforderlichen Wagen hierher senden, wenn möglich schon morgen, jedenfalls vor dem Sonnabend, da der Böter nicht länger warten kann. Die Tonnen sind demnächst zurückzugeben, da der Kaufmann Benn sonst dafür Zahlung fordert.“ (Ganz nebenbei belegt dieses Schreiben die Schiffbarkeit der Maurine bis Schönberg und das Vorhandensein eines Hafens, in dem Baustoffe, vielleicht auch landwirtschaftliche Erzeugnise und anderes umgeschlagen werden konnten. Dieser Hafen bestand noch bis kurz nach 1945.)

Aus einem Schreiben vom September 1863 geht hervor, dass „... betreffend den Neubau des Küsterhauses zu Demern, dessen sämtliche Kosten laut Regierungs-Rescripts vom 18. Juli d. J. auf landesherrliche Kassen übernommen sind ...“. Am 9. September wird Masch aus Neustrelitz aufgefordert, „ ... baldigst darüber zu berichten, wie es sich mit der bewegten Versicherung des Küsterhauses verhält und ob irgendwelche Bedenken entgegenstehen, daß die aufkommenden Entschädigungsgelder zu dem Neubau verwandt werden.“

Masch antwortet am 20. September: „... die Pfarr- und Küstergebäude sind 1843 für die Summe von 5900 Rtl. bei der Feuerversicherungsgesellschaft des Fürstenthums Ratzeburg versichert und 1853 ist die Summe auf 6875 Rtl. p. Cour. festgestellt worden. ... Die Vereinbarung selbst ist ganz ohne Zutritt des Kirchenvorstandes abgeschlossen, von welcher Behörde ist mir nicht bekannt, die Police ist nicht zu den Kirchenschriften gebracht worden. Ich bin also gänzlich außerstande anzugeben wie hoch das abgebrannte Küsterhaus versichert war, und ob in der (nur ganz beiläufig bekannt gewordenen) Versicherungssumme von 1000 Rtl. die Scheune, die nicht abgebrannt ist, eingeschlossen ist oder nicht. Das abgebrannte Küsterhaus war unstreitig Eigenthum der hiesigen Kirche, und das neu zu erbauende wird an die Stelle desselben treten mit allen Rechten und Verpflichtungen, welche auf den Besitzungen der Kirche ruhen! ... „ Er schließt an, dass die Entschädigungssumme ohne Bedenken zum Neubau verwendet werden soll.

Inzwischen war schon fleißig gebaut worden. Baumeister Rickmann, Schönberg, hatte die Bauzeichnung geliefert. Sie liegt noch heute bei den Akten. Bauholz, Balken und Latten waren angewiesen, die Dachsteine konnten im November vom Schönberger Hafen abgeholt werden. Masch hatte die Bauaufsicht und somit viel zu tun. Er musste die Gelder verwalten und verteilen und machte sich Gedanken über die Einrichtung der Schulstube. Er rechnete damit, dass die Winterschule bereits im neuen Haus beginnen könne. Von den alten Schulmöbeln waren einige gerettet worden, doch müssten sie repariert werden. Einiges war neu anzuschaffen. Der Pastor fertigte ein Verzeichnis der neuen Möbel an und auch eine Zeichnung der Einrichtung der Schulstube. Beides war nach Neustrelitz geschickt und es befindet sich keine Kopie bei den Akten.

Er rechnete mit 28 größeren Schülern, die er links der Tür platzieren wollte. Die 40 mittleren Schüler, welche bereits auf der Schiefertafel schrieben, benötigten etwas niedrigere Tische. Es blieb noch Platz für 39 unterzubringende Schüler in der Raummitte, der aber zunächst noch nicht besetzt werden sollte, um ihn als Durchgang oder für Feierlichkeiten und Examen verwenden zu können. Insgesamt wird für 107 Kinder Platz geschaffen, der jedoch nicht benötigt wird, da im letzten Jahr nur 90 Schüler vorhanden waren. Im Anschlag gibt er den Bedarf an neuen Schulmöbeln mit 6 Tischen, 4 Bänken, einem Pult und einer Wandtafel neben einigen anderen Dingen an und beantragt Mittel für die Reparatur der beschädigten Möbel.

Domprobst Rußwurm vom Domhof zu Ratzeburg sagte ihm am 19. Oktober 1864 die beantragten Gelder zu. Doch es fehlte noch etwas zur Komplettierung der neuen Schule. Am 26. November 1864 wurde aus Schönberg signalisiert: „Sie werden benachrichtigt, daß der Bau eines Aborts bei dem Schul- und Küsterhaus in Demern genehmigt ist, und wollen Sie die dabei erforderlichen Spann- und Handdienste bestellen lassen. Die Anweisung auf Ziegelsteine erfolgt hierneben. Großherzogl. Meckl. Domainen-Amt, Graf Eyben ."

Bewilligt wurde auch „die Anschaffung von 4 Rolleaus für die nach Süden liegenden Fenster der Schulstube, um die blendenden Sonnenstrahlen abzuhalten."

Das Schul- und Küsterhaus steht heute noch als solides Wohnhaus und sieht im wesentlichen so aus, wie es Baumeister Rickmann entworfen hat und wie es die öffentlichen Handwerker unter Pastor Maschs Bauaufsicht errichtet haben.

Lohn des Schuldienstes

Sie lebten in bescheidenen Verhältnissen, die Volksbildner im 19. Jahrhundert. Man kann jedoch nicht sagen, dass sie am „Hungertuche nagen" mußten. Jedenfalls nicht im Fürstentum Ratzeburg, der Exklave des Herzogtums Mecklenburg-Strelitz. Das Schulreglement von 1769 sah für die Schulmeister ein relativ gesichertes Auskommen vor. Ein Garten von 25 Quadratruten, Acker zur Versorgung von Kuh, Schwein und Schafen, welche in der Gemeinde Weidefreiheit hatten, Steuerfreiheit für dieses Vieh, auch später für die Bienen, und Versorgung mit Heizmaterial in Form von Holz oder Torf, waren eine angemessene Basis für die Existenz des Lehrers. Üppig war das alles nicht, aber wer lebte schon „üppig" in den Dörfern beider Mecklenburg im 19. Jahrhundert?

Schulgeld und Holzgeld, soweit letzteres gezahlt werden musste, weil Holz oder Torf nicht geliefert werden konnten, waren die Einnahmen an barem Geld, dass der Schulmeister bekam. Er konnte diese Bareinnahmen ergänzen, wenn er Produkte seiner bescheidenen Landwirtschaft verkaufte. Doch wird er das in Feld und Garten Geerntete hauptsächlich in der eigenen Hauswirtschaft gebraucht haben. Eine Ausnahme bildeten dabei wohl nur die Erzeugnisse der Imkerei, denn die Erträge aus der Bienenzucht konnten sicher nicht alle vom Lehrer und seiner Familie verbraucht werden. Zumal, wenn man bedenkt, dass im 19. Jahrhundert eine wesentlich reichere Flora den Bienen Nahrung in Hülle und Fülle bot. So werden also die Schulmeister mit Honig und evt. auch mit Bienenwachs ihr schmales Gehalt aufgebessert haben. Vielleicht haben sie das Wachs schon zu Kerzen gegossen, denn zum Inventar der dörflichen Haushalte gehörten auch Gießformen für Kerzen. Vom Küster Bohn zu Demern wissen wir, dass er in seinem Garten Blumen zog, die er gewinnbringend verkaufte. Auch er hatte Bienen, wie wohl jeder Schulmeister. Und noch heute, zu Beginn des 21. Jahrhunderts, findet man in den Gärten mancher Lehrer in den Dörfern traditionsgemäß den Bienenstand.

Bis in die 70er Jahre des 19. Jahrhunderts wurde dem Lehrer und seiner Familie im Fürstentum Ratzeburg im Krankheitsfalle die sogenannte „Freikur“ gewährt. Das heißt, dass er freien Arzt und freie Medikamente für sich und seine Frau und Kinder bekam. Dass diese Vergünstigung gelegentlich angefochten wurde und schließlich ganz wegfiel, ist an anderer Stelle berichtet. Immerhin war die Freikur mit etwa 50 Mark veranschlagt.

Das Schulreglement von 1769 gestattete dem Schulmeister die Ausübung eines Handwerkes neben seinem Amt. Dieses musste sich jedoch mit dem Lehramt vertragen, konnte im Ausnahmefall sogar während des Unterrichts betrieben werden, was jedoch wohl nur für das Schneider- und evt. das Schusterhandwerk zutraf. Der Küster und Schulmeister

Ferthien in Demern, der 1840 starb, hat neben seinem Amt einen kleinen Handel betrieben, ebenso der Vorgänger des Schulmeisters Spehr in Gr. Rünz. Womit jedoch gehandelt wurde, konnte nicht ermittelt werden. Spätestens mit dem Amtsantritt von Pastor Masch übten die Schulmeister kein Handwerk und dergl. neben ihrem Lehrerberuf aus

In einem Auszug „aus den bei der Pfarre zu Demern befindlichen Nachrichten" über die Situation an der Schule zu Gr. Rünz, geschrieben wahrscheinlich von Pastor Rudolphi bei dessen Dienstantritt in Demern, heißt es:

„1. Das Schulhaus zu Gr. Rünz ist erbaut worden A. 1798 aus dem Fonds der Schulcasse, welche dasselbe auch in baulichem Zustande erhält. Jedoch liegt den Hauswirthen zu Rünz die Verpflichtung ob, das Dach zu bessern oder zu erneuern, so wie sie auch A. 1799, gleich anderen Dorfschaften, das Stroh zum Dach frei geliefert haben. 2. Der Garten enthält 25 Quadratruthen und wird befriedigt von der Dorfschaft. 3. Der Schulacker, 560 Quadratruthen groß, wurde abgetreten von der Dorfschaft A. 1790, und ist eingefriedigt worden auf Kosten der Schulcasse. 4. Zur Gr. Rünzer Schule sind schulpflichtig die Kinder zu Gr. Rünz und zu Kleinen Rünz, jene, wenn sie ins 6te, diese, wenn sie ins 7te Jahr getreten. 5. An Schulgeld wird bezahlt: a. für die Sommerschule von Ostern bis Michaelis für jedes Kind 12 S., b. für die Winterschule von Michaelis bis Ostern für jedes Kind 24 S., c. für den Unterricht in Schreiben und Rechnen wöchentlich 1 S.. 6. Der Schulmeister erhält außerdem von jedem Hauswirth 3 Brodt, mithin im Ganzen 24 Brodte. Anm. 1. Die Hauseigenthümer und die Tagelöhner geben keine Naturalien. Anm. 2. Zum Weihnachtsgeschenk giebt jeder Hauswirth 1 Gänseflick, 2 Lichte und 1 Kanne Bier. 7. Holz erhält der Schulmeister aus der Forst nicht, aber von jeder Familie, deren Kinder die Schule besuchen, jährlich auf Weihnachten und Ostern zusammen 32 S. Holzgeld."

Unter „Gänseflicken" hat man wahrscheinlich das „Gänseklein" zu verstehen , also Flügel, Hals und Magen, vielleicht auch die

Füße und Därme, aus welchen man in Mecklenburg und Pommern die sog. „Wickelfeut" machte. Wobei die gereinigten Därme um die sauber abgezogenen Füße der Gänse (auch der Enten) gewickelt wurden, welche Kombination dann mit Gewürzen gekocht und in der aus Gänseblut bestehenden „Schwarzsauer" angerichtet wird. Auch der Gänsekopf mag dazu gehört haben, denn es wurde alles von den edlen Vögeln verwendet.

Sehr aufschlußreich ist ein Schreiben Maschs vom 24. Januar 1852 an das Konsistorium in Ratzeburg: „Der Aufgabe des Großherzogichen Consistoriums vom 30. Dezember v. J., eine möglichst spezifizierte Angabe der Einnahmen der Küster und Landschulmeister einzureichen, entsprechend, habe ich in folgendem zusammengestellt, was mir theils aus den vorhandenen Acten, theils nach Angaben der Betheiligten bekannt geworden. A. Einnahmen des Küster Bohn in Demern: I. Freie Wohnung im Schulhause wozu eine Scheune mit Stallraum für Kühe und Schafe gehört, ein Garten von 40 Quadratruthen, II. Benutzung des Ackerwerts von 2157 Quadratruthen Ackerland und 135 Quadratruthen Sölle, Gräben und Wege. (Das ganze Areal beträgt demnach 2332 Quadratruthen). III. An Naturalien: 4 Faden Deputatholz (aus der Schwerinschen Forst wird für die Kinder aus Woitendorf jährlich 1 Faden Bruchholz (?) gegeben), 9000 Soden Torf. Aus der Gemeinde 23 Scheffel Roggen, 1/2 Scheffel Gerste, 19 1/2 Scheffel Hafer, 44 Bröde, 270 Eier, 3 lebendige Gänse, 21 Gänseflicken, 1 Wurst. IV. An Geld aus dem Domärario 52 M 24 S., aus herrschaftl. Casse 1 M 40 S., aus der Kirchencasse an Salair und Glockenläutegeld 6 M 5 S., Michaelis Opfer der Gemeinde 12 M, Peträisches Legat 19 1/4 M, Accidentien etwa 30 M, Sammlung an den 3 Hohen Festen etwa 2 M, an Schulgeld etwa 100 M. Und ist in diese Summe eingeflossen 1. aus der hiesigen Freischulcasse gegründet auf die Verordnung vom 28. Oct. 1825 für das Jahr 1850/51 13 M. 36 S., 2. aus der herrschaftlichen Casse wegen Abminderung des Schulgeldes für Büdner und Tagelöhner pro 1850/51 18 M. 15 S.. B.

Einnahmen des Schulmeisters Spehr in Gr. Rünz I. Freie Wohnung im Schulhause mit 25 Quadratruthen Garten, II. Benutzung des Schulackers von 560 Quadratruthen, III. An Naturalien 5000 Soden Torf, freie Weide auf dem Dorffelde (auch unreguliert) für 1 Kuh, 5 Schafe, 1 Schwein. IV. An Geld aus der Schulcasse 5 M., Schulgeld im Durchschnitt zu 60 M. und darin eingeschlossen 1. aus der hiesigen Freischulcasse vom Jahr 1850/51 3 M. 12 1/2 S., 2. aus herrschaftl. Casse als Entschädigung des abgeminderten Stolgeldes 20 M. 43 S. 6Pf. (?). - Mit der Versicherung großer Ergebenheit empfehle ich mich. Demern, 24. Januar 1852. Ganz gehorsamst C. Masch"

Viel war das ja nun nicht! Besonders der Schulmeister Spehr hatte weniger Einnahmen. Er war eben nur Dorfschulmeister mit vergleichsweise weniger Schülern - also auch weniger Schulgeldeinnahmen: in Demern waren in der Zeit von 1840 bis 1870 im Durchschnitt je Schuljahr 80 Schüler zu unterrichten, in Gr. Rünz waren es dagegen im selben Zeitraum nur etwa 42. Das ist natürlich ein wesentlicher Unterschied.

Küster und Schulmeister Bohn zu Demern hat, es ist nicht zu ersehen zu welchem Jahr, eine Aufstellung eingereicht, in der die Einnahmen konkret in Mark ausgewiesen sind: „Die Einnahmen der Küsterstelle zu Demern 1. Wohnung und Garten 72,00 Mark, 2. Gehalt aus Schönberg 227,00 S., 3. Schulgeld 161,00 S., 4. Gehalt aus der Kirchenkasse 8,70 S., 5. Holzgeld 25,00 S., 6. Michaelisopfer 30,00 S., 7. Petträisches Legat 1,20 S., 8. für 12 Brote 5,50 S., 9. Stolgebühren 68,11 S., 10. Ackerpacht 250,00 S., 11. Wert der kleinen Koppel 30,00 S., 12. Wert der Ackerbestellung 144,00 S., 13. Wert der Kuhweide 36,00 S., 14. Wert der Feuerung 70,00 S., 15. Roggen 1426 Pfund á 6 Pfennig 85,56 S., 16. Weizen 65 Pfund á 7 Pfennig 4,55 S., 17. Gerste 31 Pfund á 6 Pfennig 1,86 S., 18. Hafer 882 Pfund á 6 Pfennig 52,92 S., 19. 44 Brote á Brot 50 Pfennig 22,00 S., 20. 21 Gänseflicken á 1,50 Mark 30,50 S., 21. 1 Wurst 0,50 S., 22. 3 lebende Gänse 10,00 S., 23. 270 Eier á 3 Pfennig 8,10 S., - Summe 1344,50 Mark".

Diese Aufstellung, sie muss schon aus dem Ende der 60er Jahre stammen, lässt erkennen, welchen Wert die einzelnen Naturalien hatten. Unklar ist geblieben, was genau es mit dem „Peträischen Legat“ für ein Bewenden hatte. Das Michaelisopfer war eine Kirchenspende, die die Hauswirte, die Bauern mit einem Hof, alljährlich gaben. Stolgebühren waren ein Teil der Einnahmen der Kirche aus kirchlichen Handlungen, bei denen der Küster eine Funktion hatte, wie Orgelspiel, Glokkenläuten, Aufstecken der Gesangbuchnummern bei Gottesdiensten oder Vorbereitungen zu Taufen, Hochzeiten usw. .

Reich wurden sie also nicht, die Dorfschulmeister. Bei großer Sparsamkeit und unter Ausnützung aller ökonomischen Möglichkeiten wird es ihnen gelungen sein, in erträglichen Verhältnissen zu leben. Wenn es dann dem einen oder anderen Schulmeister gelang, das Herz einer Hauswirtstochter zu erobern und den Hauswirt selbst für sich zu gewinnen, so wie wir es vom Lehrer Lohse in Gr. Rünz erfahren, dann wird durch die Mitgift der Frau ein bescheidener Wohlstand möglich geworden sein. Immerhin gehörte der Schulmeister wegen seines Wissens und weil er meist schon die vorhergehenden Generationen unterrichtet hat, also eine Respektsperson war, bei der man sich schon manchmal einen Rat holen konnte, der wohl auch dem Dorfschulzen gelegentlich zur Hand ging, zu den angesehenen Leuten im Dorf, zu den Honoratioren. Nicht für Mecklenburg-Strelitz, aber wohl allgemeingültig für beide Mecklenburg, hat Rudolf Tarnow in seinem Versepos „Köster Klickermann“ dem Dorfschulmeister ein würdiges Denkmal gesetzt. Gemeint ist nicht der Klickermann aus den „Burrkäwers“, der eine oft recht unglückliche Figur abgibt, sondern die Erzählung „ut ein Kösterläben, von Lust un Lew, von Mäuhen un Sträben, von Lüd un Land un allerhand“.

Freikur für die Schulmeister

„An Se. Hochwürden den Herrn Pastor Fischer in Demern. Im Juli d. J. hatte ich ein Kind krank und sah mich genötigt, ärztliche Hülfe in Anspruch zu nehmen. Da ich von der uns Lehrern zustehenden Vergünstigung - Schulordnung § 19 am Schluß -, daß jeder Schulmeister für sich und seine Familie freien Arzt und Medizin erhalten soll, Gebrauch machen wollte, erbat ich mir von der Großherzoglichen Landvogtei die nötige Anweisung für den Arzt und legte dieselbige dem das Kind behandelnden Arzt, Herrn Dr. Marung, vor. Sie wurde mir aber sogleich zurückgegeben mit der Weisung : die gedachte Vergünstigung sei nur für unbemittelte Schulmeister, er könne mir aber nachweisen, daß ich Vermögen besitze, mithin hätte ich keine freie Kur. Da ich nicht weiß, wie der betreffende Punkt der Schulordnung zu verstehen ist, erlaube ich mir, Sie hiermit von dem Vorfall in Kenntnis zu setzen u. um Ihren gütigen Rat zu bitten. Ew. Ehrwürden gehorsamster Lohse, Gr. Rünz, den 17. Sept. 1883“

Was hatte es auf sich mit dieser „freien Kur“? Unter den „Demerner Papieren“ findet sich ein „Entwurf einer Verordnung zur Abänderung der revidierten Schulordnung für die Landschulen des Fürstentums Ratzeburg vom 29. August 1872" mit einem Anhang von mehrseitigen Begründungen (gedruckt übrigens bei Lehmann & Bernhard, Schönberg). Dieser Entwurf stammt augenscheinlich aus dem Jahre 1910.

In diesem Entwurf heißt es unter §3/Absatz 6: „... Die bisher gewährte freie ärztliche Behandlung und freie Arznei für den Schullehrer und seine Familie fällt fort.“ Und in der Begründung/Anlage 1 wird unter dem Buchstaben „d“ die Freikur zu den bisherigen, zum Gehalt gehörenden Bezügen gerechnet.

In einer Fußnote dazu wird der Betrag für die Freikur mit 50 Mark angegeben.

So hat danach mindestens bis 1910 das Recht auf freie Kur, d.h. auf freie Behandlung durch den Arzt und kostenlose Medikamente bestanden. Jedenfalls galt diese Vergünstigung zum Zeitpunkt des eingangs zitierten Schreibens des Schulmeisters Lohse an den Nachfolger von Pastor Masch, Pastor Fischer, im Jahre 1883. Aber schon da gab es Schwierigkeiten, zu dieser verbrieften, in der Schulordnung verankerten Berechtigung zu kommen. Wie in der Folge erhellt.

Pastor Fischer unterbreitet den Vortrag des Schulmeisters Lohse zu Gr. Rünz, „betreffend die Kurkostenfreiheit der Landschullehrer zu höherer Beschlußfassung der großherzoglichen Landschulkommission des Fürstenthums Ratzeburg". Er schreibt:

„Ich glaube kaum, daß der durchaus klare Wortlaut des in Betracht kommenden § 19 Schluß der Revid. LSchO dem Anspruche des Arztes günstig sei und halte es für geboten, die anscheinend ungerechtfertigte Einschränkung des den Schulmeistern des Landes von Seiten des allerhöchsten Landesherrn und Gesetzgebers gewährten Beneficiums, wie der Arzt solche anstrebt, nicht aufkommen zu lassen ; nicht nur, weil die nur solche Lehrer trifft und treffen kann, deren Vermögensverhältnisse bekannt sind, während andere Lehrer bei guten, aber verborgenen Verhältnissen das gn. Beneficium genießen, sondern auch weil sie gleichbedeutend ist mit einer im höchsten Sinne nur dem Gesetzgeber, jedenfalls aber nicht einem Arzt zustehenden Interpretation eines Landesgesetzes; und zwar scheint in vorliegendem Falle die Interpretation offenbar durchaus fehlsam.

Soll jeder Schulmeister für sich und seine Familie ... freien Arzt und Medizin nach der für die Armen des Fürstenthums geltenden Observanz auf Wunsch haben -, wie Rev. LSchO § 19, Schluß wörtlich sagt, so kann unmöglich die Meinung des Gesetzes sein, daß derjenige Schulmeister dieses Beneficiums verlustig gehen soll, welcher etwa durch achtungswerten Fleiß (z.B. in Bienenwirtschaft), sowie durch treue Sparsamkeit jährlich einige Mark für Kinder und Zukunft ansammelt, oder deßen Frau ihm ein kleines Lagital in die Ehe bringt. Das Schulgesetz die Rev. LSchO etc. theilt vielmehr das Beneficium der Kurkostenfreiheit allen Lehrern und allen Schulstellen zu, indem sie es so zu einem wohl in Anschlag zu bringenden Theil des Salariums der Lehrer von der Schulstelle macht. (Überschrift zu § 18 ff „F.Einkommen der Schulen“?) Aber weiter! Wenn der allerhöchste Gesetzgeber jedem Landschullehrer freien Arzt und Medicin zuwendet, so kommt diese Zuwendung stets einem solchen zu, der einem an beschränkte Verhältnisse gebundenen Amte dient und als Lehrer in der Armuth benachbarten knappen Verhältnissen lebt. Mit anderen Worten: das Gesetz will einen überall sich findenden Unterschied zwischen schlechter oder beßer situirten Lehrern nicht gelten laßen; es soll im Krankheitsfalle keine Diskußion über Leistungsfähigkeit eines Lehrers erhoben werden : jeder Lehrer soll im gegebenen Falle als ein Hülfsbedürftiger angesehen und der Gnade des allerhöchsten Gesetzgebers und Landesherrn theilhaftig werden, soll freien Arzt und Medicin haben. Die wirkliche Zuwendung aber ist an zwei Bedingungen geknüpft : 1. Der Lehrer muß den Wunsch nach freiem Arzt und Medicin haben, sie nachsuchen, nolenti benefificia non obtruduntur; 2. er muß die zur Kurkostenfreiheit führende Observanz befolgen. (Anmerk. nolenti beneficia ... etwa : die Vergünstigung wird nur auf Wunsch gewährt).

Wenn nun in vorliegendem Falle allem Anschein nach der Arzt dem Lehrer Lohse auch nach Erfüllung der eben aufgeführten Bedingungen die gesetzliche freie Kur versagt, weil dieser Vermögen besitze, so hat diese Abweisung einestheils die Bedeutung, die Kurkostenfreiheit der Lehrer, jedes Lehrers zu einem Privilegium für einzelne Lehrer zu machen, nämlich für diejenigen, deren Vermögensverhältnisse nicht nachzuweisen sind, andererntheils knüpft sie die Kurfreiheit der Landschullehrer an andere, als die im Schulgesetze aufgeführten Bedingungen; und endlich liegt in ihr der Anspruch des Arztes, die Kurkostenfreiheit von seinem, des Arztes Urtheil abhängig zu machen.

Ich bin überzeugt, daß unter solchen Umständen die von Serenissimo in allerhöchster Gnade den Landschulmeistern bewilligte Kurfreiheit bald illusorisch werden wird, wenn der betreffende § 19 des Schulgesetzes nicht in seinem Wortlaute aufrecht erhalten bleibt und bitte daher gehorsamst, großherzogliche Landschul-Commision geneige, die der Rev.LSchO § 19 Schluß gemäße Kurkostenfreiheit auch dem Lehrer Lohse zu Gr. Rünz zu erhalten resp. wiederzuverschaffen."

Pastor Fischer hat sich damit energisch für seinen Gr. Rünzer Schulmeister Lohse eingesetzt. Aber im Jahre 1883 passiert in dieser Angelegenheit zunächst einmal gar nichts. Am 29. Januar 1884 wendet sich Pastor Fischer erneut an die Landschulkommission in Ratzeburg, in dem er die Arztrechnung einreicht. Er erinnert an seinen Vortrag vom 20. September des Vorjahres und auf seinen darin geäußerten Antrag, dem Lehrer Lohse die Kurkostenfreiheit zu erhalten bzw. wieder zu verschaffen. Und schreibt u.a.:

„Es ist schon aus vorliegender Rechnung abzunehmen, wie verhängnisvoll die Aufhebung der Kurkostenfreiheit für die Landschullehrer sein müsse. Denn wie leicht kann ein Krankenfall eines Lehrers nicht einen, sondern zwanzig ärztliche Besuche nothwendig machen; in solchen Fällen geht für die meisten Landschullehrer die ganze Baareinnahme eines Jahres allein für ärztliche Honorare darauf.

Indem ich diese Sache vertrauensvoll unserer hochgeehrten Landschul-Commission empfehle, darf ich noch daran erinnern, daß die Arzt- und Curkostenfreiheit den Landschullehrern des Fürstenthums Ratzeburg nicht zuerst durch die Rev. LSchO d. 1872 eingeführt worden , sondern ein, irre ich nicht, schon durch die frühere LSchO sanctioniertes, jedenfalls seit langer Zeit anerkanntes Beneficium ist."

Am 27. Februar 1884 erhält Pastor Fischer dann eine so gut wie endgültige Antwort von der großherzoglichen Landschulkommision. Diese hat sich gewissenhaft, wie man damals in

Ämtern zu arbeiten pflegt, wegen der Kurfreiheit an die Landvogtei gewendet, welche ihrerseits eine Darstellung des Armenarztes Dr. Marung eingeholt hatte. Landvogtei und Landschulkommission sind durch ein und dieselbe Persone vertreten, den Grafen Eyben. Der Landschulkommission steht außerdem der Probst Rußwurm vor. Es war also kein weiter Amtsweg zurückzulegen. Das Schreiben vom 27. Februar 1884 (Ortsangabe: Schönberg und Ratzeburg) lehnt die weitere Behandlung der Angelegenheit ab, da Dr. Marung eine andere Darstellung gibt als der Lehrer Lohse. Es wird betont, dass das Gesetz unzweideutig zu erkennen gibt, dass die Lehrer auch das „Bedürftigkeitsattest“ beizubringen hätten (wie es den Pastoren durch ein „Cursorio“ vom 18. November 1873 mitgeteilt worden sei). Und dann noch der deutliche Verweis an Pastor Fischer:

„Wir bemerken noch, daß die Kurkostenfreiheit nicht wie Sie meinen , ein schon durch die frühere Schulordnung sanctioniertes, oder doch seit langer Zeit anerkanntes historisches Beneficium ist. Es sind vielmehr nur in einzelnen Fällen, namentlich bei länger dauernden Krankheiten den bedürftigen Schulmeistern auf besonderen Antrag die Kurkosten, die sie nicht bezahlen konnten, aus der Schulkasse gewährt worden.“

Der Armenarzt Dr. Marung berichtet, dass Lohse ihm einen „Freischein“ vorgelegt und Arznei für sein krankes Kind und einen Besuch erbeten hätte. (Der besagte Freischein liegt in einer Abschrift vor: „Für den Schulmeister Lohse in Gr. Rünz wird die freie Cur bewilligt. Datum Schönberg den 20. Juli 1883 Großh. Mecklb. Landvogtei de Fürstent. Ratzeburg“). Marung hätte ihm vorgehalten, dass er, bzw. seine Frau doch Vermögen besitze, und Lohse somit auf das bedingungsweise gewährte Benefizium wohl keinen Anspruch habe. Der Lehrer habe erwidert, dass er den Besitz von Vermögen nicht in Abrede stelle, sich den Freischein aber im guten Glauben gelöst hätte, dass alle Landschullehrer auf freie Behandlung ein Recht hätten, und habe dann den Schein ohne Widerrede zurückgenommen.

Dr. Marung kannte die Verhältnisse in seinem Amtsbereich genau und so wusste er, dass die Frau des Schulmeisters Lohse aus der Schulzenstelle stammte und Vermögen in die Ehe eingebracht hatte. Er weiß nur von einem „Präcedenzfall“, nämlich dem des früheren Landschullehrers in Heiligeland, Wilms, der zugleich Büdner ist, der in seiner Eigenschaft als Landschulmeister erbetene Kurschein anfangs verweigert und erst bewilligt worden ist, als er glaubhaft versicherte, dass er von seiner Büdnerei so gut wie nichts sein eigen nenne. Und „Schließlich kann ich noch versichern, daß auch unter den zunächst Betheiligten, den Landschullehrern, sich diese Auffassung Bahn gebrochen hat, so daß keiner derselben, der entweder nachweisbar im Besitz eines irgendwie nennenswerthen Vermögens ist, oder ein einträgliches Nebenamt inne hat, sich in den letzten Jahren um einen Kurschein beworben hat, und der Fall Lohse als unicum dasteht.“

So war das also mit der Kurfreiheit. Sie hatte sicher ihre Berechtigung, als die Dorfschulmeister im Fürstentum Ratzeburg noch im wahrsten Sinne zur „Dorfarmut“ gehörten. Mit der Verbesserung ihrer Verhältnisse zum Ende des 19. Jahrhunderts verlor sie aber mehr und mehr ihren ursprünglichen Sinn. Und so wird der Schulmeister Lohse dem Doktor Marung wohl das Honorar gezahlt haben müssen. Vielleicht traf es ja 1883/84 keinen Armen mehr.

Die Not mit dem Wasser

Grundlos waren die Wege und Straßen bei Regenwetter, besonders jener Pfad, der vom Dorfanger zur Schule führte. Glatt und halsbrecherisch war er im Winter. Täglich musste der Schulmeister das in seinem Haushalt benötigte Wasser mit der „Dracht“ von der einzigen Pumpe des Dorfes heranschleppen, vielleicht auch vom „Sod“, dem Brunnen, aus dem das Wasser mit „Sodhaken“ und „Sodemmer“ geschöpft wurde, oder aber aus einem der Dorfteiche, die damals noch sauberes Wasser enthielten. Eine „Dracht Wader“, das waren zwei an Ketten hängende Eimer mit einem Fassungsvermögen von etwa 12 Litern. Die „Dracht“ selbst war das Trageholz, aus Weide oder Pappel vom Böttcher oder Rademacher geschnitzt, den Schultern der wasserschleppenden Person nach Möglichkeit angepasst. Aber die Schultern der Menschen sind verschieden und so drückte dieses Joch doch wohl manchmal sehr, besonders wenn Waschtag war und viele Drachten Wasser gebraucht wurden. Zum Wäschewaschen eignete sich das weichere Wasser der nahen Sölle sicher hervorragend , es zu trinken verbot aber das Vorhandensein der vielen kleinen Tierchen, die darin schwammen und die man aus dem Waschwasser zurückhielt, indem man das Naß durch ein Tuch goß. Sicher nicht aus Mitleid mit den Wasserflöhen und Insektenlarven.

Der Schulmeister Lohse schrieb im Dezember 1875 erstmals ein Gesuch an seinen Vorgesetzten, Pastor Masch in Demern, in welchem er auf den Notstand mit dem Wasser für das Schulhaus hinwies und um die Installation einer Pumpe auf dem Schulgehöft bat. Masch musste dieses Gesuch abschlägig bescheiden, da kein Geld für einen Bohrversuch und die Errichtung einer Pumpe vorhanden war. In seiner freundlichen Art vertröstete der alte Herr seinen Rünzer Schulmeister „ auf eine spätere Zeit“. Fünf Jahre später, im April 1881, Archivrat Masch ruhte schon drei Jahre von seiner wissenschaftlichen und seelsorgerischen Arbeit auf dem Demerner Kirchhof aus, erneuerte Lohse seine Bitte an den Nachfolger Maschs. Sie wurde, diesmal ohne Trost, abschlägig beschieden.

Im Februar 1885 schrieb Lohse erneut ein „gehorsamstes Gesuch ... um Anlage eines Brunnens auf dem Schulgehöfte daselbst:

„An die Wohllöbliche Großherzogliche Landschulkommission zu Schönberg und Domhof Ratzeburg ... Die Notwendigkeit einer Pumpe ist so groß, daß ich alle Mutlosigkeit überwinde, ein Herz fasse und die Bitte zum dritten Male vorzutragen mir erlaube.

Die Sorge um Herbeischaffung des zu meiner Wirtschaft nötigen Wassers ist weit größer als die Sorge um unser täglich Brot. Einmal macht es die Entfernung zum Wasserbehälter. Ich kann ohne Übertreibung behaupten, während der zehn Jahre meines Hierseins über 400 Meilen unter der Wassertrage zurückgelegt zu haben. Sodann sind die Wege zur Pumpe und zum Teiche während der Herbst- und Frühjahrszeit so tief und schmutzig, daß fast nicht durchzukommen ist. Im Winter macht oft der Schneefall die Wege zum Wasser recht beschwerlich, oft sind sie so glatt, daß das Wasserholen lebensgefährlich ist. Endlich sind da die 42 Schulkinder und von diesen namentlich die Kl. Rünzer, die den ganzen Winter hindurch außer ihrem Frühstück auch ihr Mittagbrot im Schulhause verzehren und dann sich gern an einem Trunk Wassers erquikken; aber wie oft finden sie die Wassereimer leer ?! Wie sehr es mich auch jammert, es ist mir aber unmöglich, sie in diesem Punkte zufrieden zu stellen.

Es sind in der letzten Zeit in dieser Umgegend eine Menge Pumpen mit gebohrtem Brunnenschacht entstanden (hier in Rünz ist davon auch schon eine, eine zweite wird in den nächsten 14 Tagen gemacht), die man Tag und Nacht pumpen kann, ohne Wassermangel zu verspüren. Die Errichtung einer solchen Pumpe hier auf dem Schulgehöfte würde ohngefähr 500 M kommen.

Das Bedürfnis nach einem Brunnen ist in Wahrheit dringend. Ich wage es daher, die Wohllöbliche Großherzogliche Landschulkommission gehorsamst zu bitten, die zur Erstellung eines Brunnens auf dem Schulgehöfte zu Gr. Rünz nötigen 500 Mark geneigtest bewilligen event. die Bewilligung gewogentlichst veranlassen zu wollen.

Ich erkläre mich bereit, den Brunnen herstellen zu lassen; ferner, falls die 500 Mark nicht ausreichen sollten, den Rest aus meinen Mitteln bestreiten und auch, so lange ich hier wohne, die Pumpe auf meine Kosten in gutem Zustande erhalten zu wollen. Auch verpflichte ich mich, die zu bewilligenden 500 Mark nicht eher zu beanspruchen, als bis nach Fertigstellung des Brunnens der Ehr. Landbaumeister Rickmann bei Gelegenheit der Zimmerbesichtigung dieselbe revidiert und für gut befunden hat.

Indem ich auf die geneigteste Erfüllung meiner Bitte hoffe, werde ich bemüht sein, den schuldigen Dank durch immer größeren Eifer in meinem Amte abzutragen und verharre Einer Großherzogl. Wohllöblichen Landschulkommission gehorsamster Lohse, Schulmeister. Gr. Rünz d. 19. Febr. 85"

Es wurde April bis die „Großherzogliche Landschul-Commission des Fürstenthums Ratzeburg" zu antworten geruhte. Sie schrieb:

„An den Gr. Rünzer Schulvorstand zu Händen des Herrn Pastor Fischer in Demern. Dem Gr. Rünzer Schulvorstande wird hierdurch aufgegeben, Bohrversuche zwecks Anlegung einer Pumpe auf dem Schulgehöfte zu Gr. Rünz durch einen geeigneten tüchtigen Pumpenmacher anstellen zu lassen und bei Einreichung der Kostenrechnung über das Resultat zu berichten und event. einen Anschlag über die Kosten der Anlegung einer Pumpe einzureichen. Schönberg u. Ratzeburg, d. 11. April 1885. Großherzogliche Landschul-Commission des Fürstenthums Ratzeburg, Graf Eyben / J. Rußwurm"

Pastor Fischer ist in der Lage, am 5. Juni 1885 „ehrerbietigst" zu berichten, dass er mit dem Brunnenbauer Hans Peter Breckenfeld, der gerade in Demern einen Brunnen errichtete, gesprochen habe. Vorher hatte Fischer der Landschulkommission bereits einen Kontrakt „zur Äußerung" gesendet, der als evt. Muster dienen sollte, da er vergleichsweise ähnliche Verhältnisse wie in Gr. Rünz enthielt. Besagter Musterkontrakt war zwischen dem Magistrat der Stadt Ratzeburg und dem Brunnenbauer geschlossen worden. Vermutlich, das ergeben die folgenden Schreiben, hat die Landschulkommission von diesem Kontrakt zunächst keine Kenntnis genommen, oder die Beratungen darüber brauchten so lange Zeit , dass die

Ereignisse in Gr. Rünz schon ihren Lauf nahmen, bevor sie zum Abschluss kamen.

Breckenfeld hatte sich in seinen Verhandlungen mit Pastor Fischer, als dem Vertreter des Schulvorstandes, soweit festgelegt, dass es nach Fischers Meinung an der Zeit wäre, ihn zum Abschluß eines Kontraktes zu bevollmächtigen. „Natürlich mutatis mutandis ! Hierher rechne ich namentlich die Bedingung, daß von der Schulgemeinde durch Hand- und Spanndienste selbst verdienter Tagelohn von dem bedungenen Preise zurückgerechnet werde."

Fischer berichtet weiter, dass die übrigen Mitglieder des Gr. Rünzer Schulvorstandes der nur einmaligen Verhandlung mit dem Brunnenbauer ferngeblieben seien. Er wird jedoch den gesamten Schulvorstand heranziehen, wenn der Platz, an welchem die Pumpe künftig stehen soll, bestimmt werden wird. Außerdem bittet er den Oberlanddrost (Graf Eyben), anlässlich einer nahe bevorstehenden „Zimmerbesichtigung", einer Schulbegehung, wie wir heute sagen würden, „die örtlichen Verhältnisse des Gr. Rünzer Schulgehöftes auf Anlage einer Pumpe zu prüfen". Es ist inzwischen der 5. Juni 1885 geworden, die Last der „Dracht" drückt den Schulmeister immer noch und die Meilen, die er unter diesem Joch zurücklegt, haben sich um etliche vermehrt.

Aber dann endlich! Schulmeister Lohse schreibt an Pastor Fischer: „Hochwürdiger Herr Pastor! Die Pumpe auf dem Schulgehöft ist fertig; es ist ein famoses Werk. Sie wird, wie es scheint, auch vortreffliches Wasser liefern. Jetzt hat es sich noch nicht geklärt; ich denke aber, in 8 Tagen werden sich die in den Röhren befindlichen Schmutz- und Fettteile aufgelöst haben und sich abpumpen lassen. Der Preis aber ist über mein Erwarten hoch geworden - eine Abschrift der Rechnung liegt bei, das Original ist vom Brunnenmacher Breckenfeld-Mölln zu beziehen - sie kostet 589 Mark; für mich wird sie allerdings etwas billiger werden, denn Kost und Logie habe ich bis jetzt nicht angerechnet, aber jedenfalls werde ich 50 - 60 M zugeben müssen, wenn die Behörde nicht Großmut übt und den

Brunnen ganz bezahlt. Sollten Sie bei der Sache etwas machen können, so bitte ich Sie höflichst um Ihre gütige Beihülfe. Und wenn die ganze Summe nicht bewilligt werden sollte, dann zahle ich einmal für die Freude und dann auch für den wirtschaftlichen Vorteil, den ich durch die Pumpe habe, ohne Murren den Zuschuß. Für die Beihülfe, die Sie mir zu meinem Fortkommen bisher geleistet haben und gegenwärtig beim Zustandekommen des Brunnebaues noch leisten, danke ich Ihnen von ganzem Herzen. Gr. Rünz, den 4. Juli 1885, gehorsamster H. Lohse“

Armes Dorfschulmeisterlein! So leicht kam er nicht davon - und die Freude über die von seinen Schultern genommene Last, sie wurde ihm sowohl durch die Landschulkommission als auch durch seinen Vorgesetzten, Pastor Fischer, ziemlich vergällt.

Zunächst reicht Fischer die Abschrift der Rechnung nach Schönberg ein. Und er vermerkt auch, dass zusätzlich noch „Zangen“ geliefert wurden, damit der „Nutznießer“ des Brunnens bei evt. Unregelmäßigkeiten des Pumpenganges, diese beheben könne. Er hat also von der Fertigstellung des Brunnens gewusst, war also gewissermaßen „auf dem Laufenden“. Als dann aber am 17. Juli 1885 ein großes Donnerwetter aus Schönberg-Ratzeburg herüberzieht, da fällt der Pastor aus allen Wolken.

Aber zunächst das Donnerwetter:

„Dem Gr. Rünzer Schulvorstande ist unterm 11. April aufgegeben, zwecks Anlegung einer Pumpe auf dem dortigen Schulgehöfte durch einen geeigneten Pumpenmacher Bohrversuche (das ist unterstrichen !d. Chronist) anstellen zu lassen und über das Resultat zu berichten und event. einen Anschlag über die Kosten der Anlegung einer Pumpe einzureichen. Darauf ist, ohne vorherigen Bericht über das Resultat der Bohrversuche die Abschrift eines Contractes über eine Brunnenanlage in Ratzeburg eingereicht mit dem Antrage, daß der Schulvorstand zum Abschluß eines dem vorgelegten inhaltlich, mutatis mutandis entsprechenden Contracts mit dem Pumpenbauer Breckenfeld in Mölln bevollmächtigt werde.

Da der Großhl. Landschulkommission die Anlage des Brunnens auf grund dieses Contracts zu kostspielig erschien, hat dieselbe von dem Herrn Landbaumeister Rickmann ein Gutachten erfordert, auf grund eines von dem Brunnenbohrunternehmer Westphalen in Eutin vorgelegten Contracts, nach welchem die Brunnen in Schönberg angefertigt sind.

Dieses Gutachten ist am 8. d.Mts. eingereicht und spricht sich entschieden für die Anfertigung des Brunnens durch den pp. Westphal aus, da dieselbe bedeutend billiger sein würde als nach dem Breckenfeldschen Contract.

Fast gleichzeitig ging ein Bericht des Vorsitzenden des Gr. Rünzer Schulvorstandes ein, der auf Grund eines angelegten Briefes des Schulmeisters Lohse mittheilt, dass die Pumpe bereits fertig sei und nach Ausweis der beigefügten Rechnung, nach Abzug der Kosten der Fuhr- und Handdienste 589 M koste. Nach dem westphalschen Contract würde die Pumpe aber nicht halb soviel gekostet haben, bis zur Tiefe von 30 m pr. m 12,25 M, also auf ca 20 m 245 M, während Breckenfeld für 19,25 m 592 M in Rechnung gestellt hat.

Es wird demnach der Gr. Rünzer Schulvorstand aufgefordert, vor Weiterem zu berichten, wer dem Breckenfeld den Auftrag gegeben hat, statt Bohrversuche anzustellen, sofort eine Pumpe herzustellen, wozu jegliche höhere Genehmigung fehlte.

Schönberg und Ratzeburg, d. 17. Juli 1885. Großherzogliche Landschul-Kommission des Fürstenthums Ratzeburg. Graf Eyben / J. Rußwurm“

Pastor Fischer aber weiß von nichts: „... auf dieses Mandat habe ich die Ehre, gehorsamst zu berichten: 1. Der Gr. Rünzer Schulvorstand ist an der Pumpenanlage auf dem Gr. Rünzer Schulgehöft überhaupt nicht beteiligt gewesen; das war durch die Verhältnisse ausgeschlossen, wie mein ehrerbietigster Bericht den 6. 6. das nachweist. Auch später ist es uns Schulvorstehern nicht möglich gewesen, an der Sache mitzuwirken. 2.

Der Gr. Rünzer Schulvorstand hat demnach überall nicht in die Lage kommen können, für die Brunnenarbeiten auf dem Gr. Rünzer Schulgehöft Aufträge zu geben; ebensowenig aber auch der Pastor Fischer (also er selbst ! d. Chron.) der sich unversehens vollendeten Tatsachen gegenüber sah. Nachdem die mir gegebene Erklärung des Lehrers Lohse zu Gr. Rünz, daß ein Auftrag zur Fertigstellung eines Brunnens auf dem Gr. Rünzer Schulgehöft von mir nicht ausgegangen sei, mich aus jeder Beziehung zur Vollendung des Brunnens gelöst hat, habe ich geglaubt, weitere Berichte in der Sache den Personen überlassen zu sollen, welche über die Vollendung des Brunnens auf dem Schulgehöfte zu Gr. Rünz in urkundlicher Weise zu berichten vermögen. Ich aber bitte ehrerbietigst, Großh. Landschulkommission geneige, den Contract zwischen dem p. Breckenfeld und der Stadt Ratzeburg, sowie die Vollendung des Brunnens auf dem Gr. Rünzer Schulgehöft berichtenden Brief, resp. Rechnung des Lehrers Lohse gewogentlich mir zurückzureichen. Demern, d. 22. 8. 1885 ehrerbietigst G. Fischer, Pastor“

Nun schrieb Fischer aber schon am 5. Juli 1885 in einem Brief an die Landschulkommission, daß er Gelegenheit hatte, den Brunnenbauer Breckenfeld bei der Anlage eines Brunnens in Demern selbst zu sehen und ihm den Stand der Beantragung bzw. Entscheidung mitzuteilen. Dabei machte ihn Breckenfeld darauf aufmerksam, daß es günstig und, wegen der „Ersparniß“, wünschenswert sei, die schweren Materialien sofort von Demern nach Gr. Rünz zu transportieren und dort mit den Brunnenarbeiten zu beginnen, bevor das Gerät erst in fernerliegende Ortschaften gebracht würde, wo Breckenfeld entsprechende Arbeiten durchzuführen hätte. Da hat dann Fischer dem Brunnenbauer zugestanden, dass der Gr. Rünzer Schulvorstand berechtigt sei, Bohrversuche auf dem Gr. Rünzer Schulgehöft zu veranlassen und ihm die Erlaubnis zum Beginn der Arbeit zu geben. Am 26. Juni sind die Bohrgeräte und Materialien nach Gr. Rünz abgegangen. Fischer räumt jedoch ein, dass ihm danach über den Beginn bzw. den Verlauf der Arbeiten keine Nachricht zugegangen sei. Es sind knappe 4 km von Demern nach Gr. Rünz und Pastor Fischer war Vorsitzender des Schulvorstandes. Es ging um Geld, für damalige Zeit sogar um eine beträchtliche Summe! Aber der Schulvorstand wusste von nichts!

So wird denn wohl dem Schulmeister Lohse der „Schwarze Peter" zugespielt worden sein. Es ist aber sicher anzunehmen, dass die Landschulkommission, die sich im Ratzeburger Land meist recht wohlwollend verhielt, wenn es um ihre Dorfschulmeister ging, schließlich einen Konsens gefunden hat. Die Dokumente enden hier - die Pumpe aber stand und Lehrer Lohse konnte den Rücken wieder strecken.

Die Sache mit des Leibes Notdurft

„Klock nägen wier Paus, ... denn güng allens rut na de Strat (dat Schaulhus leig dicht an de Landstrat) un eit sien Frühstück op, d.h. bi gaut Wärer buten. Dei Dirns güngen rechts henlang, dei Jungs links, na Schümbarg tau. Up jerer Siet weirn gaatlichen Tun an Schaulmester sien Hof (Gorden) entlang. Dor würden des Leibes Notdürfte verricht. Hier harrn sei wenigsten van achtentau Schutz, as Konrekter Langbein tau segen plegt, wenn hei äöwer dei ländlichen Verhältnisse spöddeln dehr. In dei Middagstiet käum denn dei Ohl (das ist der Schulmeister Jochen Maaß sen.) mit sien iesen Schüffel un dräug all dei sichtboren Teikens van dei Paus na sin groten Meßfahld. Kein Minsch uten Dörp dacht sik wat dorbi, ok dei Lüd ut anner Dörper ore gor ut Schümbarg kunn dor nix in finn; denn son lüt Hus, son Paremang, geiw dat donntaumal inn richtig Burdörp noch nich. Ok dei Schaumester müß sick mit Familie so bihelpen. Achtern Hus harr hei jeigen den Swienstall n lütten Meßfahld, dei wür jeden Sündagmorden mit frisch Stroh bideckt, un wennt nörig dehr, ok in de Wäk noch ins. Dei grot Meßfahld leig an dei Strat."

So berichtet Jochen Maaß junior über die Verhältnisse an einer Schule im Fürstentum Ratzeburg, nämlich in Gr. Siemz, etwa um 1850. (Bilder aus dem Volksleben des Ratzeburger Landes Bd. 2, Schönberg 1922). Wenn sich dieser Absatz in Plattdeutsch auch weniger „schenierlich" liest, so möchte der Autor, der besseren Verständlichkeit halber, ausnahmsweise die Übersetzung ins Hochdeutsche anschließen. Also:

„Um neun Uhr war Pause, ... dann gingen alle hinaus zur Straße (das Schulhaus lag dicht an der Landstraße) und aß sein Frühstück auf, d.h. bei gutem Wetter draußen. Die Mädchen gingen rechts lang, die Jungen links, nach Schönberg zu. Auf jeder Seite war ein ordentlicher Zaun an des Schulmeisters Hof (Garten) entlang. Da wurden des Leibes Notdürfte verrichtet. Hier hatten sie wenigstens von hinten Schutz, wie Konrektor Langbein zu sagen pflegte, wenn er über die ländlichen Verhältnisse spottete. In der Mittagszeit kam der Alte (Jochen Maaß jun. spricht hier von seinem Vater, dem Schulmeister Jochen Maaß sen. in Gr. Siemz) mit seiner eisernen Schaufel und trug alle die sichtbaren Zeichen der Pause zu seinem großen Misthaufen. Kein Mensch auf dem Dorf dachte sich etwas dabei, auch die Leute aus anderen Dörfern oder gar aus Schönberg fanden nichts dabei; denn solche kleinen Häuschen, solche Appartements, gab es damals in den richtigen Bauerndörfern noch nicht. Auch der Schulmeister mußte sich mit seiner Familie so behelfen. Hinter dem Haus hatte er zum Schweinestall hin einen kleinen Misthaufen, der wurde jeden Sonntagmorgen mit frischem Stroh bedeckt, und wenn es nötig war, auch noch einmal in der Woche. Der große Misthaufen lag an der Straße."

So werden die Verhältnisse wohl überall auf den Dörfern im Fürstentum Ratzeburg gewesen sein. Das änderte sich etwa um die Mitte des 19. Jahrhunderts. Schon gleich nach dem Dienstantritt von Pastor Masch in Demern, 1838, nahm dieser Anstoß daran, dass die Kinder ihre Bedürfnisse an der

Hecke zum Kirchhof hin verrichteten. Und er sorgte dafür, dass wenigstens eine Sichtblende errichtet wurde. Als das neue Schulhaus, das alte Gebäude brannte 1863 ab, im Jahre 1864 gebaut wurde, beantragte Masch beim Konsistorium die Errichtung eines Abortes für die Schulkinder und den Schulmeister. Der Bau wurde bewilligt, denn allmählich setzten sich im ganzen Fürstentum modernere Auffassungen von Hygiene durch.

Beim Bau des neuen Schulhauses in Gr. Rünz sind, nachdem bei dem 1896 abgebrochenen Schulbau bereits eine hölzerne derartige Einrichtung bestand, im Nordteil der Stallung des Schulmeisters je eine Mädchen- und Jungentoilette, sowie eine solche für den Lehrerhaushalt errichtet worden.

Sie wäre vielleicht nicht so sehr erwähnenswert, die Notdurftangelegenheit, eine Nebensache könnte man meinen. Wenn es da nicht in Mecklenburg-Schwerin noch bis in das 20. Jahrhundert hinein andere Verhältnisse gegeben hätte.

So schreibt das „Großherzogliche Justiz-Ministerium Schwerin i. M." an die Gutsobrigkeit zu Thelkow am 27. Oktober 1905: „Es ist zur Kenntnis des unterzeichneten Ministeriums gebracht worden, daß angeblich auf der dortigen Schulstelle Aborte für die Schulkinder nicht vorhanden sind. Die Gutsobrigkeit wolle an das unterzeichnete Ministerium berichten, ob diese Angaben zutreffend sind. Großherzoglich Mecklenburgisches Ministerium, Abteilung für Unterrichtsangelegenheiten, Langfeld." Ein gleichlautendes Schreiben ging auch an den Grafen Friedrich von Bassewitz auf Burg Schlitz.

Die Gutsobrigkeit in Thelkow (das ist in der Nähe von Tessin bei Rostock) schreibt: „An das Hohe Großherzogliche Ministerium. Unterzeichnete Ortsbehörde meldet dem hohen Ministerium ganz untertänigst, daß sich keine Aborte in hiesiger Schule befinden, auch solche noch nie vorhanden gewesen sind. Es lag auch kein Bedürfnis in dieser Sache vor, da in der Nähe des Schulgeländes Gehölz und Graben sind zur Benutzung. In größter Hochachtung verharrend ganz ergebenster von Raven."

Und von Burg Schlitz verlautet: „Der hochgeneigten Auflage entsprechend berichte ich, dass auf der Schulstelle zu Christinenhof ein besonderer Abort für die Schulkinder nicht vorhanden ist, das nach dem Umfang der Schule ein Bedürfnis m. E. nicht besteht und dass mir eine gesetzliche Bestimmung, die das Vorhandensein solcher Einrichtungen für ländliche Schulen insbesondere in der Ritterschaft vorschreibt, nicht bekannt ist. Des Großherzoglichen Ministeriums ehrerbietigst gehorsamster F. v. Bassewitz.“

Es wird immer wieder ersichtlich, dass das Fürstentum Ratzeburg nicht nur in Sachen der Volksbildung eine Ausnahme in Mecklenburg darstellte. Es waren eben Bauerndörfer, in denen sich, auch geboren aus dem relativen Wohlstand der Hauswirte, eine gewisse Kultur entwickelte. Und wenn dann noch progressive Pastoren und Schulmeister dort wirkten, kluge Dorfschulzen die Geschicke ihrer Einwohner leiteten, so konnte man in den Dörfern des Fürstentums Ratzeburg einigermaßen vernünftig leben. Idylle war es dennoch nicht und die „gute alte Zeit“ war für uns Heutige sicher alles andere als idyllisch. Wie auch an den Verrichtungen um die Notdurft des Leibes zu erkennen ist.

Pastor Fischer und Peiter Päsel

Pastor Fischer amtierte ab 1878, nach Archivrat Masch. Fischer war anscheinend nicht sehr beliebt bei den Mitgliedern der Kirchgemeinde. Kein Wunder, nachdem man Masch hatte! Er hat, das geht aus Dokumenten hervor, dem alten und verdienten Lehrer Bohn die letzten Lebensjahre recht schwer gemacht und auch an den Werken Maschs ließ er kaum ein gutes Haar. Andererseits verwendete er sich, wenn auch vergeblich, in Sachen Freikur für den Lehrer Lohse in Groß Rünz und bemühte sich um die Errichtung einer Pumpe für die dortige Schule. Aber er ließ seinen Schulmeister im Stich, als es brenzlig wurde und wusste dann von nichts, wie zu berichten war.

Es hatte um 1890 ein Disziplinarverfahren gegen Pastor Fischer in Demern gegeben, weil er einem Jungen, der wegen Frechheit und grober Verstöße gegen die Ordnung in der Schule auf Beschluss des Konsistoriums von der Konfirmation ausgeschlossen worden war, die Möglichkeit verschaffte, in Hamburg konfirmiert zu werden. Es handelte sich um einen Schüler namens Beyer aus Neuenkirchen. Wahrscheinlich hat die gerüchteweise Kenntnis dieses Vorfalls den Ollndorfer Bauerndichter Wilhelm Bade zu dem Läuschen „Ehre, wem Ehre gebührt“ angeregt. Er nennt den Jungen „Peiter Päsel“ und lässt ihn aus Nesow kommen, das nur wenige Kilometer von Demern entfernt liegt. Nesow war Ausland - Mecklenburg-Schwerin. Hans Jochen Rieckhoff aber ist für Demern verbürgt.

Ehre, wem Ehre gebührt!

Rieckhoff in Demern har'n Schäper,
den'n nennten sei den'n Äwerlöper,

weil hei ut'n Meckelbörg'schen weir,
ut Neisow nich wied von dei Scheir.

Sien Vadder dei heit „Jochen Päsel“.
Hei müsst weck los sien von dei Snäsel.

De freiten em von Näs un Uhr'n.
Sei kunn'n verdeihn sik wat bi'n Buern.

Dei öldste Dirn rög all dei Flügden,
un fung nu uk all an tau tüchten.

„Nu würd tau väl!“ dehr Päsel meinen,
weck kunn'n dei Kost sik sülbst verdeihnen.

Na, Peiter weir nu an dei Reig,
ein'n frechen Bursch, den'n Rieckhoff kreig,

son'n gadlich'n dörteinjöhr'gen Flägel.
Hansjogen höll em stramm inn Tägel,

läut em na'r Schaul un Preister gahn,
un anner Tied müss hei mit ran.

Hei weir dor wäst woll'n Wäker fief,
dor güng hei denn sien'n Herrn tau Lief,

ob hei an'n Sünndag nich weir äwer,
hei wull giern mal na Neisow räwer

un siene Öllern dor bisäuken
uk seihn, wat sien Geswister mäuken.

Dat sull hei denn, un Sünndagmorgen
dor drawt hei rin na Meckelborgen.

Un knapp 'ne halwe Stunn'n vergeiht,
is hei up Neisow'sches Gebeit.

Wer kümmt denn dor all hertaudäsen?
Sien früh'ren Lihrer dehr dat wäsen,

un Kauhveih käum dor hinner an.
Dei sällt hier woll up'n Klewer gahn.

Sünd'n Schulten sien, ik kenns von fiern.
Dei Bull, dei deht vöran marschiern.

Dei Lihrer, ja dat is ein'n Leegen,
dat deht mien Vadder ümmer seegen.

Dei hätt mi nu nix tau bifählen,
denn'n will'k maln lütten Possen spälen!

Hei grawwelt rüm in siene Tasch
un stickt in'n Brand sik'n Stummel rasch

un smökt den'n Lihrer stur vörbi,
kiekt frech em an un grient dorbi.

Hei grüsst nich, doch na ein poor Schritt
ganz deip den'n Haut hei raffer ritt

un makt'n Bückling vör den'n Bull'n.
"Wat sünd dat für infame Schrulln?"

Dei Lihrer bitt dei Tähn' tausam'n:
"Na täuf man, Di war'k neeger kam'n!"

Hei weir ein Lihrer, Semnarist,
un wüsst woll, wat hei daun müsst.

Dat krippel em un dehr em plagen,
hei smitt denn uk na ein poor Dagen
sik rinne in sien nied Kledasch,
dei em so richtig gifft eirst C'rasch.
Meld't sik bi Paster Fischer an

un stellt sik vör: weir Lihrer Schlichtig.
Hei deinerte un mäuk sik wichtig,
vertellte em dei ganz Geschicht
un släut nu so denn sien'n Bericht:
Der Jung wird Ostern konfirmiert,
doch wie er jetzt sich aufgeführt,
so muß er abgewiesen werden!
"Gravierend sind zwar die Beschwerden,
doch wenn man hat die Klag' vernommen,
muß auch zu Wort Beklagter kommen.
Ein Richter soll zu jeder Zeit
richten mit Unparteilichkeit!"
So sähr ganz ruhig Paster Fischer.
Un Maandag kreig dei Jung sien'n Wischer.
„Steh auf mal," sähr'e, „Peter Päsel,

kennst Du nicht mehr den Lehrer Schlichtig?
"Ja," seggt Peiter, „un dat richtig!"
„Warum denn grüssest Du ihn nicht
und lachst ihm frech noch in's Gesicht?
Dem Bull'n hast Reverenz gemacht.
Das ist doch reine Niedertracht!
So sprich, was Dich dazu geführt.
Du weißt doch - Ehr, wem Ehr gebührt!"
„Hew ik uk dahn," seggt nu dei Peiter
un stamert un son'n bäten sweit 'e.
„Dat's man so as mien Vadder sähr,
as Unkel bi em wäsen dehr:

vör'n Johr har'n wi ein Kalf ansett,
un na söss Wäken weir dat fett.
Dat dehr ein Doppelzentner wägen,
har hunnert Daler dorför krägen.
Dat weir von Schulten sienen Bullen wäst.
Un den'n häff ik uk grüßt up't best.
Von'n Lihrer har uns Viek ein Kind.
Dat äwer güng nich so geswind.
Tau'n Harwst nu würden't all dree Johr,
sähr Vadder, un klar sik in't Hoor,
dorför har hei, dat weir'n kein Lögen,
noch keinen roden Sössling krägen!"

Schulze Hartmann erzählt

Der Schulze Joachim Hartmann hat als Kind den Pastor Masch noch gekannt und später mehrfach über ihn erzählt. Er wird es auch gewesen sein, der unter anderen seinem Freunde Professor Bohn, dem Sohn des Schulmeisters und Küsters, der am Dorotheenstädtischen Gymnasium in Berlin wirkte, folgende Anekdote über Masch mitgeteilt hat.

Als Masch schon über 80 Jahre alt war, machte er an einem schönen Sommerabend einen Spaziergang im Breesener Weg. Dort kommt ihm der 87jährige Dachdecker Holst aus Groß Rünz entgegen. „Gun Abend, Herr Pastur," sagt er. „Gun Abend, Holst. Na? Wo kamen Sei denn her?" „Je, Herr Pastur, ick bün vemorg'n all Klock vier von Rünz weggahn nah Breisen, dor hew ick Langhoff sien Schün deckt, nu hew ick Fieraben makt." „So, so! Nah, käön Sei dat noch?" „Ja, dat geiht noch; blot dei Weg ward mi all'n bät'n wied." „Na, dat is doch schön, dat wi uns hier drap'n hebt. Wi sünd doch nu dei beid'n öllst'n in dei Gemein, nu wöllt wi man tausam'n nah Hus gahn." „Jaaa, Herr Pastur, dat mag woll gahn," sagt Holst, wird aber bald unruhig. Masch erzählt und fragt dies und das. Plötzlich sagt Holst: „Adschüs, Herr Pastur, Sei gahn mi doch tau langsam."

Joachen Hartmann erzählt, wie ihm beim Gänsehüten, er ging da noch nicht zur Schule, „dei Preister" begegnet wäre. Er hätte ihm einige Pilze gezeigt und ihn aufgefordert, diese für ihn abzupflücken, er wolle sie mitnehmen und essen. Aber der kleine Jochen hätte sich geweigert, denn „dat sünd je Poggenstäul, dei Dinger dörf ick nich anfaten, dei sünd vergiftig." Worauf Masch die Pilze, es waren Champignons, selbst gepflückt und sie in seinem Taschentuch mitgenommen hätte. Jochen, der seiner Mutter davon erzählte, hätte noch Tage lang darauf gewartet, dass der Pastor an einer Pilzvergiftung stürbe

Auch über den ungewöhnlichen Verschleiß von schwarzen Hüten durch Pastor Masch weiß Hartmann zu berichten. Diese gingen verloren, wenn der Pastor bei seinen Rückfahrten von auswärtigen Besuchen im hochlehnigen Wagen „'n bäten indrusselt ist". Dann musste gleich morgens der Kutscher den Weg zurück verfolgen, um den Hut zu suchen. „Männigmal fünn' hei em, männigmal ok nich, jedenfalls old würden dei Preisterhäur in Demern donn nich."

Zu Maschs Freundeskreis, mit dem er sich zum Spielklub traf, gehörte auch der Amtsrat Wicke, der im 19. Jahrhundert in der dritten Generation den Domänenhof zu Demern bewirtschaftete.

Von Joachim Hartmann wissen wir auch, dass Masch Freimaurer war. „Meister vom Stuhl, säden sei, wir hei in dei Loge tau Friedrichsdahl bi Swerin." Seine Predigten las er aus Predigtbüchern vor. Davon hatte er ein Exemplar für seinen Freund, den Großvater von Joachim Hartmann, beschafft, damit dieser, der schon etwas schwerhörig war, die Sonntagspredigt zu Hause nachlesen konnte. Ansonsten galt er als brillianter Redner, der bei Begräbnissen, zu Taufen, Hochzeiten und bei ähnlichen Gelegenheiten frei sprach und auf den seine Gemeinde stolz war. Die Zuhilfenahme von vorgedruckten Predigten nahm man hin, da man wusste, dass Masch seine Zeit für seine wissenschaftlichen Arbeiten nötig brauchte.

Aber irgendwann wurde es mit dem Lesen der Predigt schwieriger. Masch versah sich in den Zeilen und selbst ein „grot Brennglas“ konnte ihm nicht helfen, diese so bald wieder zu finden. Im Juni 1878 fiel er mitten in der Predigt auf der Kanzel um und musste herunter geholt und auf einem Krankenstuhl von Schmiedemeister Lebahn und Jochen Hartmann zum Pfarrhause getragen werden. Am 28. Juni 1878 starb der Pastor im Alter von beinahe 84 Jahren, von denen er 40 Jahre in Demern gewirkt hatte.

„Sin Graff wür noch halwmal so deip utsmäten as süß dat Mat wir un ünner rin, so har hei dat anordent, käumen Bäuker un Schriften, dei hei all ihrer dortau bestimmt har, un dorup is dat Sarg tau stahn kam'.“ (Mitteilungen des Heimatbundes, 1931, Nr. 3).

Jungfernfahren in Demern

Es war Schultenvadder Jochen Hartmann, der seinem alten Freund aus den Schultagen in Demern, dem nachmaligen Professor Bohn, Sohn des Demerner Küsters und Schulmeisters, über das Mädchenfest „Jungfernführn“ berichtet hat. Und der hat es aufgeschrieben. (Bilder aus dem Volksleben des Ratzeburger Landes, Bd. 2, 1922, herausgegeben vom Heimatbund für das Fürstentum Ratzeburg)

Im Gegensatz zu den jungen Männern, die auch heute noch als einziges überkommenes Fest das aus den Ritterspielen entstandene Ringreiten pflegen, haben die jungen Mädchen nichts entsprechendes, bei dem sie Königin werden könnten. Es sei denn, sie durchbrechen die Tradition und machen beim

Ringreiten mit. Was ja auch immer häufiger der Fall ist, da der Pferdesport eine Domäne der Mädchen und Frauen wurde.

Das im folgenden zu beschreibende historische Jungfernfahren gibt es nicht mehr. Nicht etwa, weil die dem Fest den Namen gebenden Jungfrauen rar geworden sind, sondern weil das entsprechende „Fahren" eine kreuzgefährliche Angelegenheit war und deshalb verboten wurde. Ich selbst habe es einmal gesehen. Das muss 1947 in Schlagsdorf gewesen sein, als unmittelbar nach dem Krieg wieder Feste gefeiert werden konnten und alte Volksbräuche zum Leben erweckt wurden.

Aber nun zur Sache: Irgendwann zwischen der Heumahd und der Getreideernte schoss es den Dirns in den Sinn, dass es nun endlich einmal an der Zeit wäre, ein Fest zu feiern, bei dem die Mädchen das Sagen hätten. Sie kamen zusammen und überlegten, was man machen wollte und entschieden sich für das Jungfernfahren. Ein kleines Festkomitee wurde gebildet, welches vor allen Dingen für das Mitmachen werben musste. Es wurde herumgefragt im Dorf und auf dem „Hoff", in Schaddingsdorf und Woitendorf. Auch die jungen Männer, „de Knecht's", wurden angesprochen, denn es waren einige technische Vorbereitungen zu treffen, die den Mädchen nicht so lagen, die wohl auch zu schwer für sie waren.

Alle teilnahmewilligen Jungfrauen (es wurde wohl auch ein Auge zugedrückt, wenn es mit der Jungfernschaft nicht mehr so ganz stimmte) kamen an einem Abend zusammen und es wurden Lose gemacht. Soviel Mädchen mitmachen wollten, und es wollten alle, soviel Lose wurden hergestellt und numeriert. Dann wurden die Nummern gezogen. Wer die Nummer 1 hatte, wurde vorläufige Königin, die beiden folgenden Nummern waren die vorläufigen Bedienerinnen und für die anderen gaben die Nummern die Reihenfolge des Fahrens an. Die drei Erstplazierten kauften für ihr eigenes Geld Geschenke für die spätere richtige Königin und die ebenfalls aus dem Wettbewerb hervorgegangenen Bedienerinnen ein. Das waren z.B. ein Unterrock, Schürzen oder Halstücher. Auch die Musik musste bestellt und später bezahlt werden.

Am Sonnabend vor dem Fest bereiteten die Jungens auf dem Brink den Festplatz vor. In der Mitte wurde das Hintergestell eines Ackerwagens zur Hälfte eingegraben. Darauf wurde eine Ernteleiter befestigt und deren Enden mit Kutschensitzen versehen. Auch diese fest angebunden. An der Peripherie dieser Karusselbahn wurde ein Pfahl aufgerichtet mit der Silhouette einer langberockten Frau. An entsprechender Stelle waren in die Figur drei im Dreieck angeordnete Löcher gebohrt, in diese wurden passende Pflöcke gesteckt, die locker zu bewegen waren.

Der Sinn des Jungfernfahrens bestand darin, dass die Mädchen auf den Kutschensitzen versuchen mussten, die Plöcke mit einem geschmückten Holzhammer herauszuschlagen. Dazu wurden sie von den Jungen an der Figur vorbeigefahren. Das Tempo bestimmten also die Männer. Der Hintersinn dieses Pflöckeherausschlagens dürfte nicht schwer zu erraten sein. (Auf dem englischen Hosenbandorden steht zu lesen: „Honi soit qui mal y pense“ - Ein Schelm, wer Arges dabei denkt.)

Während der technischen Vorbereitungen durch die jungen Männer, die auch noch eine geschmückte Musikantenlaube unweit des „Fahrgeschäfts“ errichtet hatten, wanden die Mädchen aus Buchsbaum und Blumen eine Krone, die auf einem Stock getragen wurde. An der Krone hingen Ketten aus „utpust“ vergoldeten Eiern und Schleifen aus buntem Papier.

Am Sonntag wurde rechtzeitig zu Mittag gegessen und wenn dann der Abwasch erledigt war, versammelten sich die Mädchen am Krug. Die Königin wurde, wenn sie aus Demern oder vom Hof war, abgeholt, kam sie aus Schaddingsdorf oder Woitendorf, musste sie sich rechtzeitig am Krug einfinden. Die Königin trug die Krone, an ihrer Seite die beiden Bedienerinnen, die Musik marschierte vorauf und alle folgten in der Reihenfolge ihrer Losnummern. Im Takt der Musik musste die Königin die Krone auf und ab bewegen. Konnte sie nicht mehr, dann wurde sie von einer ihrer Bedienerinnen abgelöst.

Der Zug bewegte sich zum Hof. Vor dem Herrenhaus wurde

angehalten, Amtmann Wicke und Frau traten heraus und gaben ein paar Taler zum Fest. Dafür erschallte ein dreifaches „Hoch“ und die Musik spielte einen Tusch. Dann ging es zurück zum Brink, wo die Krone an der Musikantenlaube aufgestellt wurde. Nun konnte es los gehen! Die Männer schoben so schnell, dass die Mädchen die Zielscheibe gar nicht sehen konnten und es gehörte mehr Glück als Geschick dazu, die Pflöcke zu treffen. Wer von den Dirns nun Glück hatte, konnte alle drei Pflöcke zugleich herausschlagen, denn sie standen ja dicht zusammen. Wer das als erste schaffte, wurde Königin, die danach Erfolgreiche wurden 1. und die dritte wurde dann 2. Bedienerin. Dann war das Spiel zu Ende.

Bei diesen Volksfesten kamen viele Leute zusammen, auch aus Rünz und Breesen. Da lohnte es denn, wenn die Mädchen mit dem Teller herumgingen und sammelten. Nicht ohne dafür dann einen Schnaps oder ein Bier auszuschenken, wenn das Geldgeschenk entsprechend war. So wurden den Mädchen die Auslagen ersetzt und die Musik bezahlt. Kam zu wenig ein, mussten die Veranstalterinnen die Kosten selbst tragen, kam mehr auf den Tellern zusammen, wurde es anschließend „versapen“.

War das Fahren vorbei, zogen alle mit Musik zum Krug, in Bäcker Tretows Saal. Die neue Königin und ihre Bedienerinnen gingen voran. Die Krone wurde im Saal aufgehängt und die Königin tanzte den ersten Tanz mit einem Burschen ihrer Wahl. Er bekam zu dieser Ehre als Geschenk meistens eine Tabakspfeife. Beim zweiten und dritten Tanz wählten sich die beiden Bedienerinnen ihren Jungen und schenkten ihm ein Taschentuch, das sie ihm um den Arm banden. Ab dem vierten Tanz durften alle Mädchen mittanzen und sie wählten sich auch den ganzen Abend ihre Tänzer, die sie mit einem kleinen Kunstblumenstrauß schmückten. Getanzt wurde bis in den frühen Morgen und dann ging es wieder an die Arbeit.

Es ist häufig passiert, dass die Mädchen durch den Schwung von dem primitiven Karussel flogen und es soll böse Verletzungen gegeben haben, wenn die jungen Männer das Ganze unvernünftig schnell in Schwung brachten. Deshalb wohl ist diese Art der Volksbelustigung später verboten worden. Ich habe es selbst erlebt, wie eine der Jungfrauen bei dem Jungfernfahren in Schlagsdorf 1947 der Zentrifugalkraft folgend aus der Bahn flog.

In den verschiedenen Dörfern des Ratzeburger Landes waren unterschiedliche Spiele gebräuchlich. Fritz Buddin, der Begründer des heutigen Volkskundemuseum in Schönberg, berichtet vom „Tonnenschlagen“, wobei die Mädchen mit verbundene Augen drei Pflöcke durch entsprechende Bohrungen in eine Kalktonne hineinschlagen mussten, die dann von einem Jungen, der kostümiert in der Tonne saß, wieder hochgeschoben wurden.

Unangenehm für das dabei verwendete Tier war das „Katerschlagen“. Hier saß unter einem größeren Steintopf eine Katze und wartete darauf, dass ein Mädchen den Topf mit einem Holzhammer bei verbundenen Augen zertrümmerte, so dass die verängstigte Muschi weglaufen konnte. Tierquälerei!

Besser war das „Brügamsgriepen“. Es wurde vor allem in Ollndorf, Palingen und Schattin gepflegt. Der „Brügam“, der Bräutigam, war eine vom Bäcker gemachte flache Puppe aus Zuckerteig, zur Verstärkung auf eine Pappe geklebt. Unter einer entspechenden Laube aufgehängt, kam es darauf an, dass die Mädchen im Hochspringen ein Stück der Figur abbissen. Wer das letzte Stück erwischte, wurde Königin.

So sind also diese femininen Volksbräuche ausgestorben. Vielleicht sollte man den einen oder anderen wiederbeleben, verbessern, mit neuem Inhalt füllen, damit nicht nur die jungen Männer ihre dörflichen Wettkämpfe haben, das Ringreiten in mehreren Dörfern, das Schubkarrenrennen in Thandorf und Groß Rünz, das Tonnenabschlagen auf dem Darss. Aber, ich erwähnte es schon, die Frauen beginnen, diese Männerdomänen erfolgreich zu unterwandern.

Mie stünn de Welt apen

Der Saal im „Alten Gutshof“ war bis auf den letzten Platz gefüllt an jenem 10. November 2000, als die Kulturinitiative Maurine-Radegast e. V. ihr 12. Heft der „Rehnaer Beiträge“ vorstellte. Es ist dem Demerner Dichter Rudolf Hartmann gewidmet und trägt den Titel „Ik seig allerhand Gesichter“. Eine Sammlung plattdeutscher Verse unter den zusammenfassenden Titeln „Blick ut dat Finster“, „De schönsten Graffsprüch von de Welt“ und „Snick-Snack ut'n Hoppensack“, herausgegeben von Dr. Jürgen Grambow und dem Sohn des Dichters, Rainer Hartmann. Geschmückt ist das Werk mit Zeichnungen von Joachim John.

Ganz am Ende des langgestreckten Dorfes, nach Woitendorf zu, steht seit dem November 2000 auf einer kleinen Grünanlage ein Granitpfeiler, Torpfosten einer ehemaligen Hofeinfahrt, und auf ihm die metallene Büste Rudolf Hartmanns. An seinem Geburtshaus daneben eine Tafel: „In diesem Hause wurde der Dichter und Landtagsabgeordnete Rudolf Hartmann geboren am 11. Dezember 1885. Als politscher Kämpfer wurde er ein Opfer des Nazi-Regimes im KZ Sachsenhausen.“

Schultenvadder Joachim Hartmann, wie wir lasen, war er selbst literarisch tätig, ermöglichte seinen Söhnen eine gediegene Bildung und Rudolf konnte studieren. Er belegte an den Universitäten Berlin, Rostock, Freiburg und Erlangen die Fächer Geschichte, Philosophie und Nationalökonomie und erwarb sich durch den Besuch auch anderer Vorlesungen ein umfangreiches Wissen. Während des I. Weltkrieges lernte er die Kriegsschauplätze von Mazedonien bis Frankreich kennen, wurde verwundet, ausgezeichnet und befördert, lehnte es ab Offizier zu werden und kam mit einem Abscheu vor dem Krieg zurück.

Als freier Schriftsteller wollte er tätig werden, aber er wurde Bauer. Er lernte im Alten Land an der Elbe Obstbau und saß dann in Blüssen auf einer Stelle, die ihm sein Bruder Friedrich eingerichtet hatte. Er dichtete:

> *„Mien Vadder is Bur, un mien Grotvadder wier't,*
> *sin Öllern un Ahnen nicks anner hebbt lihrt.*
> *Mie stünn de Welt apen, un bin doch nich gahn,*
> *kunn einfach nich rut ut dei ole Bahn."*

Nach seiner Rückkehr aus dem Krieg hatte er den Freibund Demern gegründet, dem etwa 40 Leute angehörten und der sich ein Programm der sozialen Gerechtigkeit gegeben hatte, gegen Standesdünkel und Egoismus. Schon bald wurde die KPD auf den intelligenten und populären Hartmann aufmerksam und es bedurfte sicher nicht großer Überzeugungsarbeit, bis der Freibund in der Kommunistischen Partei aufging. Hartmann kandidierte bei den Landtagswahlen und wurde Abgeordneter. Bekannt wurde sein Eintreten für die Rehabilitierung des einem Justizmord zum Opfer gefallenen polnischen Landarbeiters Josef Jakubowski aus Palingen. (Theo Harych hat 1958 die damaligen Ereignisse in seinem Roman „Im Namen des Volkes. Der Fall Jakubowski" dargestellt, der auch verfilmt und für das Fernsehen bearbeitet wurde.)

In Blüssen fand Hartmann Zeit für seine literarische Arbeit, aber nur wenig wurde seinerzeit von ihm veröffentlicht. So sammelten sich in Mappen Erzählungen, Gedichte, Betrachtungen, viele auf Plattdeutsch, an und ein großer Teil wartet heute noch darauf, herausgegeben zu werden. (Außer den „Rehnaer Beiträgen" 2000 erschien 2001 als MV Taschenbuch das Heft 1 „Vertellers, Riemels un Graffsprüch", beide herausgegeben von Dr. Jürgen Grambow und Rainer Hartmann.)

Die Nazis beobachteten den Dichter argwöhnisch und aufmerksam. Er galt als „Edelkommunist", dem man zwar zunächst nichts anhaben konnte, der aber 1942 wegen einer Äußerung über Göring, der sich Meyer nennen lassen wollte, wenn feindliche Flieger deutsche Städte angreifen sollten, denunziert und nach dem „Heimtücke-Gesetzt“ in das Zuchthaus Dreibergen bei Bützow kam. In der Urteilsbegründung hieß es: „... Da der Angeklagte sonst als hilfsbereiter und guter Nachbar gilt, erschien eine Gefängnisstrafe von zwei Jahren ausreichend, aber auch erforderlich.“

Briefe aus Bützow-Dreibergen drücken die Hoffnung aus, nach Verbüßen der Strafe nach Blüssen zurückkehren zu können, aber es kam anders. Hartmann wurde 1945 in das KZ Sachsenhausen gebracht. Nach dessen Auflösung kam er nach Mauthausen, wo er am 5. März 1945 ermordet wurde.

Ein großer Demerner, dessen Andenken wir in Ehren halten wollen!

Dorfausgang

Wenn man von Demern nach Rehna will, dann wähle man den unbefestigten Weg über Bestenrade und Bülow. Er ist recht gut befahrbar, auf ihm lässt es sich bequem wandern und er bietet schöne Ausblicke auf die Landschaft.

Zunächst kommt man hinter dem Dorf am Königsberg vorbei. Es liegt an der Abzweigung nach Königsfelde, einer kleinen Ansammlung von Neubauernhäuser, ebenso wie Bestenrade nach 1945 entstanden. Der Königsberg ist ein Hügelgrab aus der Bronzezeit und galt bei den „Hexen“ des Bistums Ratzeburg als der zuständige Bloxberg, auf dem sie, so sagten sie unter der Folter aus, ihre Treffen abhielten.

Ende der 1980er Jahre stieß man beim Pflügen zwischen dem Hügelgrab und dem Weg nach Königsfelde auf eine Steinsetzung, die sich als Steinkistengrab aus der Jungsteinzeit erwies. Der Deckstein fehlte. Man hatte ihn schon früher gefunden und man kann mit einiger Sicherheit annehmen, dass es der Findling ist, der vor der Demerner Kirche als Kriegerdenkmal aufgestellt wurde. Beide Grabanlagen stehen unter Denkmalschutz und eine Informationstafel gibt knappe Auskunft über sie.

Wandert man weiter in Richtung Bestenrade, so fallen einem bunte Blumenstauden auf, die den Straßengraben schmükken und kommt man schließlich in diesen Ortsteil von Demern, so kann man auf dem Hof des ersten Hauses an der linken Straßenseite evt. ein aus Brennholzscheiten errichtetes Bauwerk erblicken. Nacheinander hat der Besitzer des Hofes und des Brennholzes, der auch die Stauden pflanzte, bisher den Leuchtturm von Sylt, den Untergang der Titanik und den schiefen Turm von Pisa gebaut. Richtig groß, mit Farben bemalt und begehbar.

Ärger mit dem Bauamt hat er bekommen, der Ernst Schönherr, denn die harmlose und lustige Bastelei erfülle den Tatbestand eines Bauwerks, für dessen Errichtung eine Genehmigung erforderlich sei. Aber schließlich, und auch weil sich viele Demerner und ihre zahlreichen Besucher hinter den „Bauherrn“ stellten, ließ man es bei einem Hinweis auf mögliche Unfälle bewenden. Inzwischen sind die Brennholz-Kunstwerke deutschlandweit berühmt geworden, das Fernsehen hat, unter anderem in der Sendung „Außenseiter - Spitzenreiter“, über Schönherrs Fantasiegebäude berichtet und sie sind im Guiness-Buch der Rekorde eingetragen.

Damit sind wir bei einer Frage, die im Verlauf der hier niedergeschriebenen Dorfgeschichten gestellt wurde:

Gibt es heute noch bedeutende Demerner?

Wenn vielleicht auch nicht so bedeutend wie Rudolphi, Masch, Bohn, Schultenvadder und Rudolf Hartmann, aber tüchtige und fleißige Leute und unter ihnen allemal amüsante und lustige „Spinner“ in des Wortes freundlichster Bedeutung.

Mögen sie, uns zur Freude, in Demern und andernorts nicht aussterben!

Maurine-Radegast

Autorengruppe

Weile an dieser Quelle
- Almanach für das Amt Rehna -

84 Seiten, 22,5x27, mit zahlreichen Abbildungen, 6 €

ein Fremdenführer durch Geschichte und Landschaft der siebzehn Gemeinden des Amtes Rehna

Plattdeutsche Autoren heute

wat möt, dat möt - dor möten wi dörch

- herausgegeben von Jürgen Borchert -

82 Seiten, DIN A4, 4 €

1848 stellten sich auch die niederdeutschen Dichter in den Dienst des Kampfes für eine demokratische Verfassung. Wie geht das Plattdeutsche heute mit "de niegen Tieden" um? 16 mecklenburgische Autoren der Gegenwart geben Auskunft.

Dirk Alvermann

Crivitzer Chronik

- Menschenschicksale und Geschichte
einer Landwirtschaftlichen Produktionsgenossenschaft im ehemaligen Bezirk Schwerin - fragmentarischer Versuch einer literarischen Dokumentation aus der Zeit vor der 89er Wende.
212 Seiten, DIN A4, 18 €

Jens Peter Dirk Alvermann

Eine unruhige, wunderseltsame Creatur

- Das Leben der Sidonia von Borcke - erste wissenschaftlich fundierte Darstellung des Lebens der sagenumwobenen "Klosterhexe" Sidonia von Borcke (1548 - 1620)
72 Seiten, DIN A4, 4 €

Klaus Bollensdorf

Rehnaer Miniaturen

- Mosaiksteine zu einer Landesgeschichte -

Handwerkszünfte, Herzogliche Gewalt, Jüdisches Leben: Geschichten zur Geschichte einer alten Klosterstadt.

278 Seiten, 14 €, ISBN3-8311-2730-1

Rudolf Hartmann

Ik seig allerhand Gesichter

Niederdeutsche Gedichte und Geschichten des Demerner Heimatdichters, geschmückt mit zahlreichen Zeichnungen von Joachim John

144 Seiten, DIN A4, 7 €

Karl Heinz Molkenthin

Land an der Maurine

- Plattdeutsch Gereimtes und Ungereimtes
von Wilhelm Bade, Ollndorf -

124 Seiten, Din A4, 13 €

Natur- und Kulturgeschichten aus dem Fürstentum Ratzeburg des 19. Jahrhunderts

Heinrich Schreiber

Rehna als Dorf, Kloster und Stadt

- die Handwerkerstadt von ihrer Gründung bis zum Beginn des 20. Jahrhunderts -

280 Seiten, 14 €, ISBN3-8311-1819-1

das bekannte, 1903 erschienene Standardwerk zur nordwestmecklenburgischen Geschichte im Faksimile

Dirk Alvermann, Peter Möller

Gadebuscher Novelle

- die 50er Jahre im ehemaligen Kreis Gadebusch - eine Bildgeschichte mit über 300 Fotografien von Willy Seeger

112 Seiten, DIN A4, 16,40 €